汉译世界学术名著丛书

政治经济学

第二卷

〔波兰〕奥斯卡·R.兰格 著

王宏昌 译

商务印书馆

2020年·北京

目　　录

前　言

读者无疑会希望至少能概要地了解奥斯卡·兰格这部因他病故而无可挽救地中断的著作以及他打算写些什么。由于兰格教授生前把《政治经济学》当作他创造性活动的一个确定的总结。读者这种希望是正当的，可是由于缺乏必要的材料，我们做不到这一点。

不幸的是，除了第二卷的这四章外，兰格并没有为以后任何一章的计划草稿写下任何片段。因此，本书可以作为一个基础来确定出版的内容在多大程度上接近全书原先的计划。

这些少量的文稿清楚地反映出兰格始终如一地坚持他的写作《政治经济学》的原始计划。从广泛的方法论开始，然后分析一般经济规律，最后讨论各种社会经济制度，特别是资本主义和社会主义。在写作过程中，虽有些重要变化，但这些改变倾向于扩大一般导言部分，并且因而更加强调这部著作的一般性质。这与其他对政治经济学的全面的马克思主义陈述不同。就兰格而言，各种社会经济制度的经济规律不只是他著作的一个出发点，而是他著作的目标。为达到这个目标，要求有意识地准备方法论工具和多方面分析支配经济过程的一般规律。他的信念是，只有在此基础上人们才能正确理解属于各种制度，特别是社会主义制度的特性和规律性，以及它在当代资本主义国家和不发达的第三世界国家的发展前景。

阐述政治经济学的所有重要问题的设计是在1956年和1957年初产生的。起初,在他的原始总体计划中,兰格感到他能以一卷的篇幅实现他的意图,并分为三部分:①一般假设;②资本主义政治经济学;③社会主义政治经济学。在写作过程中,第一部分(政治经济学作为一门科学)中包括的问题如此广泛,明显需要单独而详尽地写一卷。波兰国内和国外的反应都证明这个决定既有效果又满足了一种迫切的需要。

而第二卷继续分析一般问题,但不是从方法论的观点出发,而是着眼于经济学的两个基本和主要的问题,即用物质关系表示的再生产理论和在特定条件下变成说明再生产理论的物质规律的商品生产理论。兰格考虑,只有借助于分析这两个重要问题,才可能阐述各种社会制度的经济理论。这个理论在第二卷的最后部分,其中占中心位置的是剩余产品的生产和分配问题,以及在此背景下属于不同社会制度的社会结构、上层建筑的作用以及各种经济激励。

第二卷的四章,主要包括原来打算在本卷中讨论的三个基本问题的第一个。这四章讨论了再生产过程的基本问题,重点放在对再生产因素相互关系的精确分析上。原来计划把这个问题的控制论概念作为一个专门附录,其中阐述研究这些关系的新方法。现在用《经济控制论》的一个摘录来代替。最后两组问题(商品生产和价值规律,以及社会制度的理论)甚至没有展开成提纲。我们只是从作者的谈话和通信中知道,他很重视彼罗·斯拉法的《用商品生产商品》一节的理论观点。

有一个疑问，那就是第二卷的计划内容实际完成了多少。对这个疑问形式上的答案可能是大约完成了一半。然而，对兰格的《政治经济学》而言，估计“未完成部分”不仅是数量问题。这有两个原因：

第一个原因与作者在本书第一版中所用的“阐述”概念有联系。“政治经济学的全部较重要问题的阐述”可能说明作者打算系统地阐述当前充分发展的观点和答案。但事实并非如此。上述扩大内容的过程以及各个概念的演化都清楚地证明，写作过程（写出的讲义）是在“创造性”一词的完全意义上的创作过程。它是一个阐述和解决问题的过程，它是一种搜索。在搜索时，景观随时在变化，并且，在分析过程中，以前讨论过的问题常被进一步提炼。

一个例子是，兰格在第一卷中分析了生产关系的关键问题，也讨论了其他有关问题，例如生产方法、分配关系、经济关系和经济基础。然而，在第二卷第一章“生产和再生产的社会过程”中，他对有关的各个问题再次做了研究，并引进了“协作关系”这一新的概念，因而把生产关系分为“协作关系”和“所有制关系”。这就迫使我们也必须再一次考察上述所有概念。

另一个例子是，合理行为学与经济学的关系问题在第一卷中占了中心位置。但是在写作第二卷的过程中，兰格才利用合理行为学来解释某些经济规律。它们曾被某些经济学家当作技术的普遍规律；而之所以被其他经济学家所舍弃，正是由于它们没有被技术的发展所证实。

对这些规律的一种合理行为学的解释，不仅使我们能够纠正一种旧的误会，而且也鼓励作者形成他自己的若干概念，这一点表现在对第一卷以后各版的几次补充上,特别是关于拉格朗日乘数"是各种平衡极限的尖锐程度的一种度量"方面。它导致对生产的技术和平衡规律问题做出新的阐述。

其他一些问题无疑会得到同样处理。其解释会不同于本书目录中对其他问题的提法。作者本人觉察到了这一点。他说过,以后各卷将按照"对第一卷及其主要修订的第二次浏览"而得到的启发来阐述。

第二个原因可能更为重要。通常来讲,一本学术性著作的后面部分要更加详细、广泛,或者是对已经阐述的概念的补充。另外,通常情况下(社会科学也如此),一部著作的各个部分只有通过整体才能充分理解。兰格著作的情况肯定也是如此。这是兰格希望它的性质是一部"关于这个主题的系统性专著"的结果,这句话特别重要。他的设计的最后结晶是这种信念的结果。"政治经济学中许多论点的讨论和论战,只有依靠这门科学的系统性的阐述才能解决。各种经济问题在整体中互相联系,分开来思考它们是很困难的。"第一卷"代表某种封闭的整体,讨论政治经济学的一般基础",这是事实。但是对计划中的整体而言,它只是一个基础。它是一般概念的一次系统的集合,也是研究方法的一次阐述。其意义和可应用性要在分析资本主义和社会主义实际的过程中最后得到验证。概念和方法的系统化是第一卷的主要内容,也是第二卷的部分内容,然而仅仅是达到分析当代社会的最终目标的一个手段。作者未能完成这个任务。所有这一切再次说明,奥斯卡·兰格之死对科学来说是严重的损失。它也着重表明了要继续他开创的工作的困难和必要性。

第一章
生产和再生产的社会过程

第一节

经济活动包括满足人类需要的物质对象的生产和分配。生产和分配是不断重复的经济活动，是经济过程的两个密切相关的方面。生产产生财富——产品，它们是在社会成员之间进行分配的对象。然而分配也要影响生产进行的条件，特别是影响生产的性质和过程。因此经济过程的两个方面形成不可分割的整体。

在生产和分配方面都形成人和人之间的社会关系——生产关系和分配关系，它们共同称为经济关系。人在生产中改造自然，并在自己的活动中教育自己——“自我教育”。唯物史观证实，人与自然在生产中的相互作用过程产生一种动力，导致社会生产力不断变革。这些动力是社会进化的源泉。所以解释决定经济过程的社会规律从分析生产过程开始。

生产是人类有意识和有目的的活动。它使自然财富和自然力适应人类需要。它将自然蕴藏的财富发掘出来之后，用物理的、化学的和生物的方法改变它，并在变更物品所在的空间和时间的过程中保存物品。活动的社会性质产生于人的社会协作条件。个人的各种活动互相补充。如果关系是对立的,则互相矛盾。活动在不断重复。在谈到生产过程时,考虑到它的社会性质,可将其称为社会生产过程。

社会生产过程反映一定的规律性,表现为一定的规律。各种规律一部分是人和自然在生产中发生的相互作用过程的结果;一部分是经济关系,特别是生产关系的结果。生产过程是在生产关系的框架内进行的。第一类规律,是在生产过程包含的各项活动和业务之间会发生某些不断重复的关系。这些关系是生产过程的物质特点的结果。它们是用于生产的物质技术特点,所用生产资料和所生产产品的物质特点,以及在生产过程中人的活动或劳动显示的物质特点。在生产是理性活动的范围内,其中表现的许多规律反映了人类把合理行为学的行为原理应用于生产过程的结果——使这些原理具体应用于生产过程的物质特点。

我们所称的生产的技术平衡规律[①]和其他经济规律一样,是社会发展形成的。由于生产过程的物质特点决定于社会生产力状况(它的状况是社会发展的结果),因此生产力的发展会将愈来愈新的物质特点引入生产过程,使物质特点用新的内容丰富起来。所以除了在生产力发展的所有阶段表现的普遍规律——只要有永久的生产过程就适用——外,随着生产力的发展将产生新的更专门和更复杂的规律。从一个社会制度过渡到另一个,规律通常不

---

① 兰格:《政治经济学》第1卷,第57页和第61—62页,华沙,1961年版。技术平衡规律也包括与生产过程物质特点直接有关的人类合理行为学的某些特点。

终止其作用;它们只是因表现为适应生产力发展的更复杂和更专门的规律而更加丰富了。历史上各种规律不仅是经济关系的直接结果,而且也有赖于人与自然相互作用的生产过程的物质特点。因此,决定于生产力状况。

生产的技术平衡规律的典型性质产生一种可能,分析这个规律最好是去考察迄今为止最高发展阶段的生产力。① 这时,这些规律有最发达和最丰富的形式。从这种分析,可以进一步探讨这个规律在生产力不发达条件下的作用。这里用上了马克思的话:"人体解剖对于猴体解剖是一把钥匙。"②只有在更高的发展形式已为人知的时候,才能理解从发展的较低阶段开始产生的更高的发展形式。在现代生产力状况的条件下探讨社会生产过程,有时要追溯历史,以便说明这个过程的某些性质和规律的起源。

在生产过程中会观察到第二类规律及在此过程中形成的生产关系。生产关系是人与人之间关系的复杂体系。这个体系的各个部分以不同的密切程度与生产过程的物质特点相关联。这里考察的是基本生产关系。它们是由生产过程的物质特点造成的不同个人的活动之间相互依赖的直接结果。这些关系起源于人们在生产过程中的协作。

---

① 它们是在资本主义和社会主义框架内发展的。社会主义制度为了生产力的发展,排除资本主义生产关系产生的障碍,使生产力发展有条件高于资本主义制度可能达到的发展水平。然而这要看社会主义生产关系产生初期的具体历史条件。例如,在落后或经济不发达的国家中,即处于社会主义制度第一发展阶段的国家中,生产力发展水平低于最发达的资本主义国家。这就有了最终"赶超"的问题。现在这个时期正在走向结束。

② 《马克思恩格斯全集》第12卷,第756页,人民出版社,1962年版。

第二节

构成生产的各种人类活动称为劳动。换言之,劳动是生产过程中的全部活动,其目的在于制造物质财富,用于满足人类的需要。生产过程是有意识和有目的地从事于制造人们需要的财富或产品的具体劳动过程的集合。①

可以按照接受改造的自然财富和自然力的性质以及与此有关的人的活动或具体劳动过程的性质,来区别各种生产过程。利用土地培养动植物活机体以供人类需要的活动称为农业生产,或简称农业。用物理、化学以及生物方法改造物品的活动称为工业生产或工业。改变物和人的空间位置的活动称为运输。而在一段时间内保存物品的活动称为仓储;仓储常与分配相联系,在实际中往往不可分割。

各种生产过程或生产活动可以进一步分为分支活动,或称为生产部门。例如,农业可以分为栽培植物和饲养动物,而在栽培植物中常常单独分出林业。工业分成如下一些部门:采掘工业,采掘自然蕴藏的财富(各种矿业、渔业及狩猎业);能源工业,把自然蕴藏的能源转化为供人利用的动力(例如电);制造工业,把从自然界采掘得来的财富进一步加工。在制造业中可以列举机器、电工、化学、纺织、制药、食品及其他工业,视需要加工的物品性质以及加工

---

① S.G.斯特鲁米林给生产下的定义是:"为了制造各种产品所不可缺少的劳动过程的集合可以称为生产。例如,鞋的生产——长靴、鞋、拖鞋等。"《劳动经济问题》第11页,莫斯科,1957年版。

应用的方法而定。通常把建筑工业作为单独的工业部门，即建设用于各种目的的房屋的行业。运输业按照进行活动的种类，分为陆运、海运、空运。仓储业可以是简单的储藏，目的在于在一定时期内保存物品；或者可以包括各种辅助业务，目的在于将物品保持在适合使用的状况(例如冷藏)。

人类在生产中会使用一定的物质技术或物质资料，以实现生产的目的，即获得一定产品。这种技术称为生产技术。生产技术是对在自然界和人类机体中发现的因果关系——物理、化学和生物学规律，以及人类机体的生理和心理规律(例如，关于劳动效率与疲劳的规律)——的巧妙利用。用于生产技术的物质资料称为生产资料。使用这些资料是为了实现所要的产品。这件事发生在劳动过程中。人的劳动使用生产资料并且“使它们起作用”，其结果是产品。

使用生产手段的劳动过程是依靠变换自然界的物质财富以及依靠挖掘自然力供此种变换之用。马克思说：“人在生产中只能像自然本身那样发挥作用，也就是说，只能改变物质的形态。不仅如此，他在改变这种形态的劳动中，还要经常依靠自然力的帮助。”①生产资料分为两种：一种是在生产过程中受到变换的物质对象，其变换由劳动来完成，因此称为劳动对象；另一种是用来变换劳动对象的物质资料，称为劳动资料。②

劳动对象是其形体仍留在产品中的材料，通常称为原料。这

---

① 卡尔·马克思：《资本论》第1卷，第56—57页，人民出版社，1975年版。

② 卡尔·马克思：《资本论》第1卷，第202页。人民出版社，1975年版。

一名称常用在工艺学,即探讨各种生产技术的科学中。[①] 劳动对象主要包括各种自然财富,例如土地、水、空气、煤矿、石油及矿物、海中的鱼、森林中的动物等。劳动对象还包括某些产品,或者以前劳动加工过的对象。这种劳动对象称为原料。[②] 原料可以是适合作为劳动对象以外用于其他地方的产品。例如,煤炭可以用作家庭燃料,同样也可制作焦炭或作为化学工业的原料;葡萄可以消费或做制酒原料。可以完全作为原料用的产品称为半成品(或半制品)。[③] 半成品的例子有棉花、焦炭、铁矿石、化肥、未装配的机器零件或未完成的机器。半成品与成品有别。成品不能作为原料,然而可作为其他方面的生产资料(例如机器),也可作为消费品(例如面包或衣服)。

原料再分为基本材料和辅助材料。[④] 前者通过劳动过程的变

---

① 考塔宾斯基给原料下的定义是:"原料……是某些客体……用这些物体制造物品……"又说:"每种制造都是变换原料的性质,物质原来的面貌改变了。"见《论好工作》第 48 页,罗兹,1955 年版。

② "相反,已经被以前的劳动滤过的劳动对象,我们称为原料。例如,已经开采出来的正在洗的矿石。一切原料都是劳动对象,但并非任何劳动对象都是原料。劳动对象只有在它已经通过劳动而发生变化的情况下,才是原料。"见卡尔·马克思:《资本论》第 1 卷,第 203 页,人民出版社,1975 年版。

③ "一种已经完成可供消费的产品能重新成为另一种产品的原料,例如葡萄能成为葡萄酒的原料。或者,劳动使自己的产品只有只能再作原料用的形式。这样的原料叫作半成品,也许叫作中间产品更合适些,例如棉花、线、纱等。"见卡尔·马克思:《资本论》第 1 卷,第 207 页,人民出版社,1975 年版。

④ "原料可以构成产品的主要实体,也可以只是作为辅助材料参与产品的形成。辅助材料或者被劳动资料消费,例如煤炭被蒸汽机消费,机油被轮子消费,干草被马消费;或者加在原料上,使原料发生物质变化,例如氯加在未经漂白的麻布上,煤加在铁上,颜料加在羊毛上;或者帮助劳动本身的进行,例如用于劳动场所的照明和取暖的材料。"见卡尔·马克思:《资本论》第 1 卷,第 206 页,人民出版社,1975 年版。

换，进入产品作为它的主要物质内容或作为产生产品物质内容的来源（例如生产钢的生铁，生产鞋的软皮和硬皮，生产纤维制品的棉花、羊毛和亚麻，生产焦炭的煤炭，生产汽油的石油）。后者作为基本材料的补充，赋予产品某种性质（例如纤维制品生产中的染料，家具生产中的清漆）。有时辅助材料不补充到劳动对象上，而补充到用于生产的劳动资料上（例如机器润滑油脂，发动机用石油或电流，工厂厂房取暖用煤炭）。

然而在许多情况下，不可能将原料分为基本材料和辅助材料。在化工或制药生产中就有这种情况。[①] 这里通常说不出在配方中什么属于基本材料，什么属于辅助材料。全部物质在化学合成过程中转化。在医药产品中有决定性效果的成分绝不是数量最大的（数量最大的常常是水）。所以把原料分为基本材料和辅助材料并不总是可行的。

劳动资料用于转化劳动对象，对它进行加工，赋予所需产品的外形。使用劳动资料的目的，或直接用于转化劳动对象，或间接使劳动工具的使用成为可能或更加方便。

直接用于转化劳动对象的劳动资料称为劳动工具。[②] 除了在生产力水平很低，人类刚从一般动物脱离出来的极原始的社会外，

---

① 关于这一点马克思已注意到："在真正的化学工业中，主要材料和辅助材料之间的区别就消失了。因为在所用的材料中没有一种会作为产品的实体重新出现。"见卡尔·马克思：《资本论》第 1 卷，第 206 页，人民出版社，1975 年版。

② 关于工具的作用，见考塔宾斯基：《论好工作》第 52 页及以后。哥特-奥铁连菲尔德给工具下的定义是："工具是手或机器对第三物施加作用的中间体。"见《经济与技术。社会经济学基础》第 2 部分，第 94 页，杜平根，1932 年版。这本书是到现在为止唯一一部将人类合理行为学原理应用于现代生产技术的著作。

使用的劳动工具永远不会仅仅是自然界存在的物品,如木棍和石块。相反,人们的工具总是劳动制作的产品。[①] 常规工具是专门适合做一定工作的物品,如斧,弓,刀,箭,各种机器,机械的、光学的和化学的设备(如锅炉、显微镜、水塔、管道等等),电工装置(如变压器、导线),运输手段(如马、车辆、船、飞机)以及保管物品的手段(如仓库、冷冻机)。所以专门程度或大或小的劳动工具,常常就称为工具(或设备)。

随着生产力的发展,专门的劳动工具的数目和品种增加了,出现了所谓劳动过程的工具化。劳动工具的发展(其数量、品种及效率增加)是生产力发展的最大能动因素。人类借助工具改造自己的环境。工具的应用表现为人对自然的积极关系。劳动工具是人类改造环境活动的最重要手段。

除劳动工具外,还有劳动资料,使用劳动工具时需要它,它间接用于变换劳动对象,使劳动工具的使用成为可能或更方便。属于劳动资料的,如土地。它们有助于劳动工具的使用,因此称为辅助设施。[②]

作为以上考虑的结果,产品与生产资料之间的区别,以及在生产资料范围内,劳动对象与劳动资料之间的区别,不是物品的区

---

① 这里提一提本杰明·富兰克林的话:"人类是制造工具的动物。"

② 这个名称被考塔宾斯基采用,见《论好工作》第57页。考塔宾斯基也用"器具"一词表示劳动资料,包括劳动工具以及辅助设施。在上面所引文献中,考塔宾斯基说:一般动物不生产工具(虽则有时把某些物品当工具使用),而生产辅助设施,用于进行某些活动。例如,蜘蛛不靠织网捕蝇,只是等待苍蝇落在网上,再捉住它。这种设备大多数具有洞穴性质(例如鸟巢、鼠穴、小水獭的堤坝)。只有人类制造工具。见前引书第56—59页。

别。这种区别来自物品在劳动过程中的功能或作用。大多数生产资料是产品,因为它们要么是制造出来的,要么至少是人类劳动加工过的或开采出来的。但不是每种产品都是生产资料,因为产品的重要部分是消费品。同一物品可能这一次表现为劳动对象,另一次则表现为劳动资料。例如,用于制造饮料的水是劳动对象,而驱动水泵或推动机车的水是劳动资料。"可见,一种使用价值究竟表现为原料、劳动资料还是产品,完全取决于它在劳动过程中所起的特定的作用,取决于它在劳动过程中所处的地位。随着地位的改变,这些规定也会改变。"①

现在我们考察一下劳动资料在劳动过程中起作用的方法。马克思用这样的表现方式说明它的作用:"劳动资料是劳动者置于自己和劳动对象之间、用来把自己的活动传导到劳动对象上去的物或物的综合体。劳动者利用物的机械的、物理的和化学的属性,以便把这些物当作发挥力量的手段,依照自己的目的作用于其他的物。劳动者直接掌握的东西,不是劳动对象而是劳动资料……这样,自然物本身就成为他的活动的器官。他把这种器官加到他身体的器官上,不顾《圣经》的训诫,延长了他的自然的肢体。"②

第三节

劳动资料,特别是劳动工具的应用是依靠巧妙地开发自然力,

① 卡尔・马克思:《资本论》第1卷,第207页,人民出版社,1975年版。

② 同上书,第203页。

在人类的劳动过程中驾驭这种力,使其充当人类的助手。[①] 它首先表现为人体器官活动的延长、加强、加速和更灵巧。挥舞木棍或掷石块是延长人手的作用范围,用杠杆或曲轴可以加强人手的力量,骑自行车可以加快腿的速度,用显微镜可以使眼的观察力更为锐敏,等等。这种劳动工具的原理常常是模仿人体器官的功能。考塔宾斯基说:"作为工具的物品,基本上属于模仿器官,同时延长和壮大器官:木棍——握成拳头的手;刀——尖锐的门齿;叉——终端为指头的手掌;高跷——一双腿;钳——一对颚;等等。人类能够模仿与器官类似的功能,制造出自己的或能见到的其他动物的工具——它们实际是外在的产品。[②]

然而,有些劳动工具,特别是专门用于一定工作的工具,它们不是延长或加强人的器官的工作,而是代替人的器官。例如,马或汽车代替人腿的用途。还有其他劳动工具进行的工作,人没有一个器官能以极完善的方式做到。可以说这类工具赋予人类以他们所没有的新器官。作为例子,可以提一提梭子或织布机、发电机或

---

① 自然力被利用于各个生产领域。18世纪兴起的重农学派错误地设想:只有在农业中,自然力在生产过程中才有其地位。亚当·斯密在1776年也表达了这个观点,他写道,"在农业中自然更多地与人类一起工作……"以及"在工业中自然完全不起作用,都是人在工作"。见《国富论》第1卷,第461—462页,华沙,1954年版。大卫·李嘉图在1817年讲了这样的话:"难道在工业领域内自然完全不帮助人类吗?难道风力和水不是推动我们的机器并且帮助航行的并非不重要的力吗?大气压力和蒸汽膨胀是不重要的自然力吗?它们可以推动最令人惊异的机器。这还没有谈到热能使金属软化、熔化的作用和空气在印染和发酵过程中的分解作用。不可能发现有任何工业,其中自然不帮助人类的……"见《政治经济学和赋税原理》第8页,华沙,1957年版。李嘉图的话在今天最为正确。电和原子裂变释放的能已被驯服用于工业,这还未提所有化学反应。

② 考塔宾斯基:《论好工作》第56页。

回旋加速器。这些工具的设计和作用方式没有一样反映人的器官，因为它们是根据其他原理制造出来的，是有待发现的专门自然规律的结果。提供能量的工具有特殊地位，如蒸汽锅炉、各种发动机等。它们在劳动过程中是代替或帮助人的机体的力量。

在劳动资料对于劳动过程的作用的发展史上，引入机器具有特别意义。机器是专门化的劳动工具的一个集合，这些工具或者同时或者相继运动。通常，机器总有一个或几个控制及调节其活动的工具（例如汽车的方向盘及加速器）。[①] 机器可以靠人的肌肉力启动和保持运动（例如手摇或脚踏机械），或者依靠人类机体力以外的能源。后一情况在今天是正常情况，有单独的机器或机器部件，称为发动机或引擎（例如，内燃机或电动机；蒸汽机也是发动机）。

发动机是由从自然汲取的能源直接启动和保持运动的机器或机器部件。起初发动机通过动物牵引力推动代替人的肌肉力（例如，通过马或牛的运动与打谷机或泵连接）。以后利用直接存在于自然的无机能源，如风和水（例如推动碾子），最后利用人类专门释放的能量形式，如水蒸气压力或煤气、电流和核反应能。发动机的作用通过机械的、电能的、无线电的或其他方式的传输传到机器。

① 调节或控制机器的操作是指使机器按照人选择的方式，在一定的地点并以一定的强度作用于劳动对象。例如，控制机床是选择切削或研磨的刀或砂轮，在什么地点加工金属（劳动对象），每分钟的转速和刀刃或砂轮边的压力。调节意味着防止控制所设定的方式、地点和压力发生偏离。例如保持发条的一定转速和刀具的压力，保持蒸汽锅炉的恒温恒压，保持飞机航向不偏。可参看 B.J.道曼斯基：《基础自动化学和电工学》第 208 页，华沙，1954 年版；《自动化在德意志联邦共和国的情况与作用》第 27—28 页，慕尼黑，1957 年版。

传输可以通过单独的机器或通过被推动的机器部件来实现。在描写机器性质时,马克思把它们分为发动机、传输机械和工具机或工作机。[①] 可以设想,它们甚至可能是一部完整机器的不同部件。工作机直接作用于劳动对象,变换它们使之符合管理机器的人的意图。

马克思用下面的话说明机器在劳动过程中作用的方式:"是用一个机构代替只使用一个工具的工人,这个机构用许多同样的或同种的工具一起作业,由一个单一的动力来推动,而不管这个动力具有什么形式。"[②]对这个说明还需补充:机器包括的所有工具,不仅同时运转,并且也相继运转,各个工具相继啮合而先后运转。第一个工具推动第二个工具,第二个工具又推动第三个工具,依此类推。

各个工具的作用如此相继啮合称为机制。机制将各个工具的作用连接起来,成为因果相继的整个链条。而各个工具的作用成为链条中的各个环节。一个工具的运转是诱导其他工具(或一些工具)运转的起因。连接各个工具活动的这种因果链条称为工具的耦合。[③] 也就是说,在机制中各个工具的活动用一定的方式耦合起来。

类似模仿人体器官的简单工具的工作机,开始时模仿人类直接推动的简单劳动工具。马克思说:"如果我们仔细地看一下工具

---

① 卡尔·马克思:《资本论》第 1 卷,第 410 页,人民出版社,1975 年版。

② 同上书,第 413 页。

③ "耦合"系援引波兰人亨利·格仑尼斯基的术语。见他的著作《用非数学方法解释的初级控制论》第 32 页及以后各页,华沙,1959 年版。

机或真正的工作机，那么再现在我们面前的，大体上还是手工业者和工场手工业工人所使用的那些器具和工具，尽管它们在形式上往往有很大改变。不过，现在它们已经不是人的工具，而是一个机构的工具或机械工具了。或者，整部机器只是旧手工业工具多少改变了的机械翻版，如机械织机；或者，装置在工作机机架上的工作器官原是老相识，如纺纱机上的锭子、织袜机上的针、锯木机上的锯条、切碎机上的刀等等。"[①]在工作机的进一步发展过程中，逐渐不再模仿人类直接使用的劳动工具，而是代替它们（例如，外科电刀，其作用靠烫烧人体组织来实现；乙炔燃烧器通过熔融金属来切割或焊接金属）或发现以前没有一个工具能做的新工作（例如，检查金属铸件的 X 射线机、飞机或核反应堆）。发动机的构造适合特定的开发出来的自然力（例如蒸汽机、电动机）而不以劳动工具为模型。

机器代替了人对劳动对象的直接作用，在人与劳动对象之间投入机制的作用，不用工具的帮助，它改变了人的劳动性质。原来靠人的体力使用工具直接对劳动对象进行的加工，改由机器的服务来代替，推动其运动，操纵和控制其活动，以及监督其机制作用。不是对劳动对象劳动，而表现为机器劳动。劳动对象的变换是机器结构作用的结果。所以这里人对劳动对象的作用是间接的。人推动因果链条，最后按所需方式有效地变换劳动对象。为了说明它们的间接作用方式，马克思引证了黑格尔关于理性的狡猾的著名句子："理性何等强大，就何等狡猾。理性的狡猾总是在于它的

① 卡尔·马克思：《资本论》第1卷，第410—411页，人民出版社，1975年版。

间接活动,这种间接活动让对象按照它们本身的性质互相影响,互相作用,它自己并不直接参与这个过程,而只是实现自己的目的。"[①]人类理性的狡猾在机器的作用中得到表现。依靠发现自然作用的因果律,把各种力和物连接在因果链条中。这个链条的最终结果是所需要的劳动对象的变换。

第四节

借助于因果链的间接作用可以代替人对劳动对象的直接干涉。考塔宾斯基以下列方式说明了最小干涉:"我们设法这样安排事物,使得我们需要的事情,至少从过程中某一点开始,在最大可能程度上靠它自己进行。例如,樵夫不把砍下的木材从山上扛下来,只是把它推下水流,靠水流运到远方直到一个预定的地点。"[②]这个例子说明使用机器不是劳动过程中唯一的间接活动,它发动自然过程中的一个适当的因果链来代替直接干涉。在没有机器的情况下,特别是在化工和农业生产中可常看到这种间接活动,而且这是这些生产部门的基本特性。

在化工生产中,混合适当的成分,组成适当压力和温度下的混合物,使之"自然地"按化学反应的自动过程完成合成。其作用是通过人推动因果链,其最终结果是所需的产品。直接干涉用化学过程的服务来代替,用诱发、控制、调节和监测其过程来代替。在

① 卡尔·马克思:《资本论》第1卷,第203页,人民出版社,1975年版。

② 考塔宾斯基:《论好工作》第151页。并见此作者的《效率和错误》第56—57页,华沙,1960年版。

许多化学过程中间接活动先于机器而出现，例如染料的制备、制酒（发酵）、麻布的漂白等。农业的这种作用方式还要古老。动植物的培养显然靠间接活动。起初依靠人的活动推动因果链，其最终结果是产品。植物经播种或种植，进一步成长成熟，并以种子或果实的形式提供产品。人的劳动服务于生长和成熟的生物学过程（例如，在播种或种植后，适当地灌溉、除草及减少不需要的分蘖、嫁接或杂交等）。动物饲养的情况也类似。

机器活动的机制是在劳动工具中应用间接活动，用因果链代替直接干涉——用类似农业和化工生产的方式。在机器的机制中，影响生物和化学过程的古老活动方式被用于机械和电工过程。[1] 因此，这种机制是因果链系统或者耦合作用系统的一个特例。[2]

用于劳动过程的耦合活动系统的服务包括启动、控制、调节和监测整个过程。劳动过程的进一步改善在于利用自导和自调节机制把服务作用简化为建立和监测耦合作用系统。在控制和调节耦合作用系统的活动中引入这种机制代替人的直接干涉，称为自动化。自动化总是引入一种专门机制，控制和调节耦合集合的作用。这种机制或者是一台独立的机器，或者更常见的是一个工具与组

① 参考刘易斯·芒福德针对这一点的评述。他用以下的话说明为机器服务的工人："……可以说他是一个机器的放牧人，照管一群机器的建康状况，机器在进行真实工作。他给它们喂原料，加油，损坏时修理它们，而工作本身与他关系之远，就像羊的消化、长膘与牧羊人的关系一样。见 L.芒福德：《技术与文明》第 410—411 页，纽约，1943 年版。

② 对耦合作用系统性质的一般集合以及支配它们的规律的研究，属于控制论领域。一本好的入门书是罗斯·阿希拜：《控制论引论》，纽约，1958 年版。

成机器的一组工具连接(这种工具通常称为装置),称为伺服机构[①]或服务机构。伺服机构是精确的机构,它依靠机械力的作用(包括流体力学和热力学的作用)和电力的作用。通常伺服机构的动作由专门设置的能源馈入,大部分属于电力的辅助能源。[②] 伺服机构的作用依靠反馈耦合或闭合因果链。[③] 在反馈耦合中,链条的最终元件反作用于最初元件(或若干最终元件)。在控制论和调节自动化方面,反馈耦合必须以一定方式起作用:机器作用的最终效果与所要效果(即规范值)的一切偏离必须诱致以前活动的变化,从而纠正最终效果的偏离。以这种方式活动的反馈耦合称为补偿性反馈耦合。[④] 它修正机器活动或劳动过程中使用的其他耦合系统活动的错误。

最老的伺服机构之一是蒸汽机的离心控制器,它是詹姆斯·瓦特发明的,并在1769年得到专利权。这种控制器与蒸汽机轮及送蒸汽到汽缸的管子连接。如果轮子的转速超过规定的数值,控制器将减少送到汽缸的蒸汽,这会导致转速降低。相反,如果轮子

① 也用"控制机构"。控制论之父N.沃纳使用伺服机构和控制机构如同同义语。见N.沃纳《控制论或动物和机器中的控制和通信》第55页,巴黎,1948年版。

② 道曼斯基:《自动化》第30页。

③ 按照英语,反馈耦合称为反馈。英语中的这个词已在许多其他语言中被承认。见沃纳的《控制论》第四章。

④ 补偿性反馈耦合如果最终效果超过规定的规范值,会使产生这个情况的力缩小,相反,如果最终效果降至规范值之下,则会导致这个力扩大。以相反方式作用的反馈耦合称为积累反馈耦合。如果效果超过规范值,会增加导致最佳效果的力;反之,如达不到规范值,则会缩小这个力。事情很明白,这种耦合不能用于自动调节作用。相反,与规范值的一切偏离将导致积累的扩大,例如,蒸汽机控制器在转速超过规范值时会增加蒸汽供应量。

的速度小于规定值，则控制器增加蒸汽供应，从而提高转速。通过这种方式，蒸汽机会自动保持一定的转速。在这种控制器中，伺服机构的作用常常是机械的。现代的伺服机构盛行用电子仪器，例如，自动导航仪使飞机保持规定航向，陀螺罗盘使船舶保持规定航向。

伺服机构使机器的控制和调节用于劳动过程的其他耦合系统的自动化。然而，自动控制会导致自动调节。[①] 它又包括两部分：第一部分是确定机器的任务，规定以什么方式、在什么地方、以多大机器力量加工劳动对象。确定这样的任务称为机器活动的程序设计，或确定机器工作的规范值。另一部分是通过伺服机构调节机器活动，校正与规范值的一切偏离，或者说与机器程序的偏离。例如飞机或船舶的自动驾驶。程序或规范值是驾驶员或船长确定的航向，伺服机构则纠正一切与规定航向的偏离。在许多机器中程序涉及大多数机器活动：程序规定了不同作业的先后顺序和强度，伺服机构按照规定的顺序使各个作业运转起来并控制其强度（例如多用机床的程序控制）。

还有第三类机器，可以说其程序设计是自动化的。程序，也就是机器活动的全部规范值，在此情况下，是按照适应劳动对象发生的变化而改变的任务的性质规定的，或者是按照劳动对象的情况与任务之间的关系的性质规定的。自动化程序最简单的机器，是在程序任务已经完成时，或在劳动对象损坏（例如，棉纱断线）后，机器的相应活动自动停止。高度复杂程序自动化的例子是自动高

① 罗斯·阿希拜：《控制论引论》第 213—214 页。

射炮。它自动计算被瞄准的飞机在导弹要打中它需要飞行一段时间后在空中的坐标。这里的机器程序是使导弹打中飞机,而与规范值的偏离是导弹爆炸地点与飞机所在空间坐标的距离。高射炮伺服机构的作用是在每次发射后借助适当的补偿性反馈机制修正偏离。从这个例子可以看出,自动程序可以化为简单程序。由于不把击中空中某一位置作为高射炮的规范值,因此它不需要通过专门的机构计算高射炮程序,而可用简单方式把击中飞机作为规范值。伺服机构的自动作业程序于是化为校正与规范值的偏离。

对机器活动的自动控制和调节不是新事情,它直接产生在机械化之后,也就是在用一种机构把组成机器的各种工具连在一起,以代替人直接使用劳动工具之后。所以在中世纪时钟机械的发展中,就设计了许多复杂的使操作和控制自动化的机械,把它的一系列活动联系起来实现了自动化。这些机械能指示时和分、日和月、月亮圆缺,并且能做各种补充活动,如报时、音乐、人物表演等。[①] 关于机械化的后果是自动化,马克思曾经说过:

“当工作机不需要人的帮助,就能完成加工原料所必需的一切运动,而只需要人从旁照料时,我们就有了自动的机器体系。不过,这个机器体系在细节方面还可以不断地改进。例如,断纱时使纺纱机自动停车的装置,梭中纬纱用完时使改良蒸汽织机立即停

① 中世纪钟表机械在物质技术史上第一次应用了自动化。J.D.伯纳尔注意到“……钟表自动机械是各种现代自动控制机器的第一个榜样”。见J.D.伯纳尔:《历史上的科学》第234页,伦敦,1954年版。阿拉伯人已经知道钟表的自动化机械,他们在拜占庭表示对它很感兴趣。中国有人在10世纪记载了阿拉伯人的这种自动机械,12世纪自己也开始制造。见李约瑟:《中国的科学文明》第1卷,第203—204页,剑桥,1954年版。

机的自动开关，都完全是现代的发明。”①

伴随着各种机器活动的自动化也出现了整个机器或全部工厂协调的自动化。马克思说：“但是，只有在劳动对象顺次通过一系列互相衔接的不同的阶段过程，而这些过程是由一系列各不相同而又互为补充的工具机来完成的地方，真正的机器体系才代替了各个独立的机器。”他进一步说：“每一台局部机器依次把原料供给下一台，由于所有局部机器都同时运转，产品会不断地处于自己形成过程的各个阶段，不断地从一个生产阶段转到另一个生产阶段。”②其结果，马克思做了生动的描述：“在这里，代替单个机器的是一个庞大的机械怪物，它的机体充满了整座整座的厂房；它的魔力先是由它的庞大肢体庄重而有节奏的运动掩盖着，然后在它的无数真正工作器官的疯狂的旋转中迸发出来。”③

在使用相互作用的机器体系的第一阶段，将劳动对象（半制品）从一部机器传递到另一部是通过人的直接参与来完成的。如从一部机器收到物品，运到适当位置的另一部机器等。自动化排除了这种直接参与的需要，从一部机器运送劳动对象到另一部机器的作业改成由机械完成，其工作受到自动调节和控制。以这种方式将自动化机器的活动联系起来成为自动化系统。而自动化机器系统联系起来成为自动化工厂。在自动化系统或自动化工厂中，各个机器耦合为一个机构，它确实成为一部机器。这是最高程度的生产过程自动化。现代工艺学语汇称它为生产过程的完全自

① 卡尔·马克思：《资本论》第1卷，第418页，人民出版社，1975年版。
② 同上书，第416—419页，人民出版社，1975年版。
③ 同上。

动化。与此相对照,局部自动化只包括各个机器。[①] 在生产过程完全自动化的条件下,劳动过程只是监督。

第五节

劳动过程的机械化是用机器作业代替对劳动对象直接进行工作。机器调节与控制的自动化,减少了人对机器作业的干涉而变成更多地监督它。生产过程的完全自动化,排除了由人直接把劳动对象从一部机器送到另一部机器的需要。因此剩下的只是监督自动化生产过程的正常进行。只有在这个过程的机器构件损坏的情况下,才发生人的直接参与,而对自动化机器或机器系统的某些故障设置自动修理装置的结果,使这种参与的需要也减少了。

生产过程的完全自动化是现代技术发展的趋势。可以看出,自动化是机械化的直接后果,而各个机器进一步自动化的后果是机器系统的自动化和工厂的自动化。实现这个趋势的速度决定于技术可能性。因为自动化在历史上来自机械化,所以它首先用于机器的生产领域。机器或机器系统是自动化的对象。以后自动化又进入化工生产,用伺服机构自动调节化学反应过程的条件(温度、压力、各种流体的流量、发酵的程度等)。同时,自动化装置也开始在医疗中找到用途。目前,农业生产中实现的自动化最少,虽然在这里也存在着自动调节生物学过程的条件的例子(如温室中

① 这个情况见道曼斯基:《自动化》第10页,以及菲德烈·波洛克:《自动化——其经济和社会后果之研究》第7—11页,牛津,1957年版。

的温度和湿度），但还不是通过机器进行的辅助活动的自动化。自动化原理可应用于生产过程中的一切耦合活动系统，如同对生物学系统、化工系统及机械一样。

劳动过程的自动化导致了工作的程序化，启动了自动化机构（以及其他耦合作用系统）的作业并监测其运转是否正常。它最为深远地应用了考塔宾斯基的最小参与原理。考塔宾斯基说："最小参与公设成为单纯监视公设，它的目标在于只监督自动过程而不像以前那样不得不以自己的力量参与。"[①]只是由于必须把劳动对象从一部机器送到另一部机器而发生的直接参与，致使监视中断，也就是考塔宾斯基所说的参与性监视。现在生产过程的完全自动化有可能从单纯监视过渡到完全依靠监视的劳动过程（程序设计和启动例外）。

生产过程自动化在方法上改变了劳动过程的基本性质。直接使用劳动工具时依靠人体肌肉的力和技巧，控制和调节则是通过人的中枢神经系统。劳动过程的机械化用机器机构的活动代替人体肌肉的直接劳动，而在发动机（引擎）被推广应用后，人的机体生理力被从自然开发的力所代替。操作机器（或其他耦合作用系统）比借助工具直接加工劳动对象显著减少了人体生理力和技巧的支出。不过人类要继续发展在更大程度上运用中枢神经系统的活动，特别是大脑的活动，这对机器活动的控制和调节是特别重要的。因此可以认为，如果劳动过程的机械化代替了人体生理力和技巧，则生产过程的自动化代替了人的一系列神经—心理活动。

① 考塔宾斯基：《论好工作》第151—152页。

特别明显的是,伺服机构自动完成了逻辑和数学运算(对人类往往是最难的)。如现代电子计算机,在机器或生产过程中使用的其他耦合活动系统的控制和调节自动化中,它起了关键作用。所以这种设备也称为"电脑"。①

J.D.伯纳尔对于生产过程自动化导致劳动过程性质的变化进行了讨论。他认为与机械化比较,自动化导致了劳动过程的新发展:"20世纪的技术发展已经表明,我们正在面对第二次,可能还有第三次工业大革命,……过去的工业大革命主要在制造业和运送力量上减轻人的繁重体力劳动。而20世纪的革命在很大程度上依靠机器或电子装置代替人的体力,并且把人从单调的办公室工作或为机器服务的负担中解放出来。"②或者像另一位研究生产过程自动化的学者菲德烈·波洛克所说的,"在工业时代第一次发明了这样的机器,不仅代替了人的劳动,而且也代替了人的感觉器官和大脑行使的功能"③。这时仍要援引N.沃纳的话:"第一次工业革命是'黑暗的魔鬼机器'的革命,机器的竞争贬低了人的胳臂的价值,……现代工业革命必然以相似的方式贬低人脑的价值,

① 这种设备的活动和中枢神经系统的活动之间存在很大的类似性。它们的类似性在于中枢神经系统的神经思维活动过程的电性质,以及在计算机中一样存在着反馈耦合作用。关于这种类似性可能有助于理解中枢神经系统的活动。最早见于N.沃纳的《控制论》第五章和第七章;著名的数学家约翰·冯·诺伊曼的《计算机和大脑》专门谈了它们的类似性以及不同之处(纽黑文,1953年版)。通俗讨论见W.斯勒金:《心灵和机器》,企鹅丛书,1960年版。

② J.D.伯纳尔:《历史上的科学》第497页。

③ F.波洛克:《自动化》第39页。

至少在较简单的方面和日常决策方面。”[①]

这在某种程度上是名词问题。通过生产过程自动化进行的革命，可以称为另一次工业革命，人们有很大的理由倾向于使用这个名词，[②]这毋庸置疑。生产过程自动化是“质的飞跃”，是劳动过程

① N.沃纳：《控制论》第37页。沃纳除了上面所引的话外，还谈了对资本主义条件下生产过程自动化的不良后果的担心。

② “工业革命”一词是恩格斯在1845年的著作中使用的。见《英国工人阶级状况》第46—59页，华沙，1952年版。这个名词是指18世纪末和19世纪初在英国发生的劳动机械化过程的广泛推行，它成为工场手工业过渡到大工业的工艺基础。马克思继续使用了这个名词（例如，在《资本论》第1卷，第413页）。这个名词的推广也归功于英国历史学家阿诺德·汤因比，他在1884年出版了《英国工业革命讲义》一书，他从马克思那里得到“工业革命”一词是可能的。因为赫伯特·希顿在“工业革命”一文（载《社会科学百科全书》第8卷，第53页，纽约，1948年版）中说，汤因比发现了马克思的《资本论》并研究了德国社会主义运动。然而，在那个时候人们经常谈及“工业革命”，汤因比也可能是从别处借用的这个词。把生产过程自动化称为另一次工业革命显然是由于沃纳·伯纳尔等人这样用词。今天它变得很时髦了。然而有必要提一下，那个名词很早以前——20世纪20年代后期——已经被用来代表与生产合理化的部分相联系的大规模的工艺改革。那种合理化依靠采用和推广大量生产方法，主要借助于在传送带劳动以及生产组织方面应用科学方法。参见鄂托·包尔：《世界大战后的资本主义和社会主义》卷1所载的《合理化和不合理化》第161—169页，柏林，1931年版。正是由于这一点，伯纳尔在前引文献中似乎对应当称为第二次或第三次工业革命是犹豫不决的。第一次革命大规模使用机器，从工场手工业过渡到大工业；第二次推广大规模生产；第三次是生产过程自动化。见《历史上的科学》第497—498页及第590—591页。毋庸置疑，现代生产技术的发展经过了一系列或多或少明显的阶段。每进入一个阶段，生产过程就有一种革命。我们援引了熊彼特在他的著作《商业循环》中的观点，这本书与其他资本主义发展史相比较，是以生产技术的变革为基础的。熊彼特确认在19世纪末和20世纪初发生了第二次工业革命。它依靠工业中用电作为能源（按照他的观点，第一次工业革命是依靠使用蒸汽）。按照熊彼特的意见，最近，在20世纪20年代后期发生了第三次工业革命。它的基础是原油和汽油用于内燃机。见J.熊彼特：《商业循环》第1卷第397—398页和第2卷第753—794页。熊彼特似乎把发现新形式的能源作为区分各次“工业革命”的依据，而不是依据社会劳动过程性质的变化。由于他忽略了社会生产过程的最主要方面，所以是不适当的。自动化之所以称为“另一次工

性质的革命。在劳动过程中使用工具特别是专门仪器,扩大了人体器官的作用范围,提高了其效率。采用机器或劳动过程机械化,可以提高劳动工具的效率和能力,并且可以做旧工具所不能做的新工作。最后,生产过程自动化提高了人类神经—心理活动的作用范围和效率,从而使人类能做以前所不能做的新工作。任何劳动过程的机械化都可以提高人类器官的生理能力和效率,而生产过程自动化可以提高人类心灵的能力和效率。

第六节

使用劳动资料通常要求许多人互相协作。只有最简单的工具才由单个人操作。这种生产过程称为个体手工业。使用比较复杂的工具,特别是仪器、机器和机器系列,以及使用其他耦合活动系列,例如在农业或化工生产中,个人是干不了那么多的活计的,这些活计需要集体来完成,或者称为联合劳动。因此在生产过程中通常出现成群的人使用一定的劳动资料系统(工具及辅助装置),以便加工劳动对象。这种系统称为生产厂。[①]生产厂包括各种名称,

业革命",是因为它在许多重要方面都引起了社会劳动过程性质的真实革命。然而这次革命引起的生产过程的变化不如18世纪末和19世纪初劳动过程机械化所导致的革命那样深刻。由于它带来了大工业,故而成为工业化历史的基础。不过生产过程自动化是在现有大工业框架内完成的革命。这个过程是有根据的。所以谈到自动化作为另一次工业革命似乎不正确,因为这个名词专指作为工业化基础的工业革命的历史特点。还应当指出,带来大工业的工业革命与资本主义生产方式以及因此而产生的新社会制度密切相关。通过自动化进行的革命在社会主义或资本主义生产方式下同样得以完成。它在苏联和美国进步最快,但它的社会和历史意义有所不同。

① 德语 Betrieb,英语 Plant。

如农场、作坊、[①]工业工厂和运输企业等。

---

① 作坊里使用简单工具和小型机器，可以用少数人，有时甚至只有一个人。在希腊的奴隶工场中，可以看到一些工场手工业的开端——那是有几个或几十个甚至几百个奴隶劳动者劳作于其中的手工业作坊。在鲁约·布伦坦诺的《古代世界的经济》第36、第47—50及第80页（拿耶，1929年版）中有所记载。作为证明，该书引用了克森诺芳塔关于手工业作坊的生产专业化的话。不过那段话似乎是关于劳动作坊之间的专业化，而不是关于作坊内部的专业化。马克斯·韦伯以下面的话说明了奴隶作坊："奴隶作坊可以随意分割（通过卖掉一部分奴隶），完全像铅块——因为它会集的奴隶工人没有区别，而又不建立不同的劳动组织。"见《古代的农业环境，社会和经济史概论》第9页，杜平根，1924年版。并见马克斯·韦伯的《经济史》第121页，柏林，1958年版。N. A.马斯金对奴隶作坊也有类似的说明，见《希腊古典期经济生活问题》第248页，莫斯科，1956年版。随着古代社会制度的解体和奴隶制度的衰落，奴隶作坊因缺少工人而消失了。在中世纪中，生产表现为小型手工业作坊，行会组织禁止超过一定人数的学徒和满师的工人。到14、15世纪，在意大利和佛兰德的纺织生产中才出现工场手工业。在16世纪后半叶，特别是在17、18世纪，在苏格兰和英格兰以及法国相继兴起一些工场手工业。工场手工业是资本主义生产方式的第一阶段，由资本家开设，靠雇佣工人操作。工场手工业的发展联系着马克思称为原始积累的过程。见《资本论》第1卷，第24章。这个过程的结果是出现雇佣工人阶级。它在17、18世纪使农民离开土地方面起了根本作用。18世纪，在英国由于地主剥夺公有土地（地主圈占这些土地，称为圈公有地），农民离开土地达到了特别严重的程度。马克思描写了这个过程。《资本论》第1卷，第24章，第2节。关于这个题目，并见莫里斯·多布的《资本主义发展的研究》第221—242页，伦敦，1947年版。在这部著作的第142—161页，作者描写了工场手工业兴起的过程。为工场手工业招收工人是17、18世纪重商主义经济文献的中心主题之一。有些国家对工业生产发展的希冀与西欧国家相同，但缺少雇佣工人，便由奴隶劳动来承当。17、18世纪的俄国尤其如此。不过在农奴工人的工场手工业里，资本主义生产关系开始逐步发展起来。关于这点可参考S. G.斯特鲁米林的《俄国经济史略》第四章，莫斯科，1960年版。波兰依靠农奴工人的劳动，在18世纪兴起了大型工场手工业，威托尔·库拉描写了这种工场手工业。见《18世纪波兰工场手工业文集》第1和第2卷，华沙，1956年版。在这种工场手工业中，因为农奴制的依附关系削弱了，农奴渐渐独立并转变为雇佣工人，所以农奴工场手工业是过渡到资本主义工场手工业的一个阶段。然而它们大多以失败告终。中国的社会发展与欧洲的发展不同，在北宋时期（10世纪末到12世纪初）已有工场手工业，主要是皇帝所有，由雇佣工人从事劳动。在明朝（14世纪下半叶至17世纪中）工场手工业很发达，包括私营工场手工业也一样，特别是在丝织业和瓷器制造方面。这些工场手工业依靠雇佣劳动。这是中国资本主义发展开端的见证，然而它没有导致资本主义生产方式的充分发展。

在生产厂中有各种活动,或各种具体劳动需要很好地配合达到共同目的,即制造产品。各种活动很好地配合而达到一个目的,称为协调。协调包括每个人的各种活动的协调,同样也包括不同个人之间活动的协调。不同个人之间活动的协调称为合作。简单合作把一定数目的人的工效简单地加起来,以便在生产过程中达到一定结果(例如运输重物、挖沟等等)。另外一种合作采用分工形式。分工是每个人的活动的专业化,每个人完成为制造产品所需的活动的一定部分。在生产厂中,每个人的劳动通过协作成为集体劳动的组成部分。按照马克思的定义,每个人是"单个劳动者",劳动共同体是"总体劳动者",它是生产厂中从事劳动的人的集团。[①]

生产厂中各种活动的协同需要对各种劳动进行指挥,需要一种特殊的具体劳动,这可以称为管理。马克思说:"凡是直接生产过程具有社会结合过程的形态,而不是表现为独立生产者的孤立劳动的地方,都必然会产生劳动的监督和管理。"[②]这是必不可少的,因为,"凡是有许多个人进行协作的劳动,过程的联系和统一都必然要表现在一个指挥的意志上,表现在各种与局部劳动无关而与工场全部活动有关的职能上,就像一个乐队要有一个指挥一样"[③]。管理工作可以由一个人(单人管理)或组织(集体管理)来做。从事管理工作的人通常会在进行自己的工作

---

① 卡尔·马克思:《资本论》第1卷,第363页,人民出版社,1975年版。在《资本论》第3卷,第96页,马克思谈到了"社会结合工人"。

② 同上书,第3卷,第431页。

③ 卡尔·马克思:《资本论》第1卷,第431页,人民出版社,1975年版。

时，借助于收集、保存和传递有关生产厂中所做工作的信息的人（例如会计、秘书、通信员）的帮助，这些人称为辅助管理人员。他们的活动对管理工作是必不可少的，所以被看成是管理工作的一部分。[①]

管理的特点是，它的直接对象不是在生产过程中加工的物质劳动对象，而是加工劳动对象的人的活动。[②] 管理影响、决定和协调那些人的活动。由于管理以这种方式间接影响加工劳动对象的过程，所以生产厂中的管理工作也是——和直接加工劳动对象的人的劳动一样——生产劳动。马克思说："这是一种生产劳动，是每一种结合的生产方式中必须进行的劳动。"[③]然而由于管理对劳动对象的加工的影响是间接的，所以它被称为间接生产劳动。

与管理有联系的是概念性工作。它规定了加工劳动对象所使用的每个人的活动，或者称为规划。这种规划包括确定需要制造的产品，作为劳动对象的材料，应当使用的工具以及使用它们、操作它们的方式。这种概念性工作是管理工作的一部分。不过常常有单独一组人从事概念性工作，因此将管理工作分为执行性工作和概念性工作。马克思称概念性工作为"智力劳动"，并把一切科

① 辅助管理人员常常称为行政人员，所以他们的工作称为行政工作。

② 参看考塔宾斯基的话。他在谈到更广泛的脑力劳动问题时认为这种管理劳动的产品是人们感受的状况，而管理的材料是人完成脑力劳动前的状况。见《论好工作》第 277 页。就管理这一特定情况来说，其材料或劳动对象是其他人的活动，劳动产品是被管理者的活动。

③ 卡尔·马克思：《资本论》第 3 卷，第 431 页，人民出版社，1975 年版。

学劳动、一切发现、一切发明都算在内。①

在生产厂中分离出管理并最后分离出概念性工作是在生产厂中工作的人员之间分工的一部分。生产厂中的分工是现代生产力发展的基础。亚当·斯密曾用以下的话证实了这一点:“劳动生产力的最大改进以及在任何地方使用的劳动所具有的技术、灵巧和判断的大部分,似乎是分工的效果。”②亚当·斯密谈到了实行分工导致产品数量增加的各种因素:“分工的结果是,同样数目的人能做的工作大大增加。这是由于三个不同原因:第一,每个具体工人的技巧提高;第二,节约了通常从一种工作过渡到另一种工作时损失的时间;第三,发明了许多机器帮助和减少劳动,并使一个人能做许多人的工作。”③特别是生产过程机械化以及自动化与生产厂中分工的发展有不可分割的联系。很久以前,在农业中,以及在许多手工业作坊中已存在一定的分工,但分工的大发展则与现代工业的发展相联系。大家知道,后者的兴起与资本主义生产方式的兴起和发展有关。它的发展开始时是工场手工业的兴起,那是很多人劳动的生产厂。简单协作改为应用分工的协作,简单工具、

---

① 劳动通常区分为脑力劳动和体力劳动。然而,实际上这种区分要应用于一切劳动是有困难的,因为,即使是使用人体肌肉力和技巧性的体力劳动也要求人的中枢神经系统的活动,也要求有意识的目标、意志和注意力。马克思说:“除了从事劳动的那些器官紧张之外,在整个劳动时间内还需要有作为注意力表现出来的有目的的意志……”见《资本论》第1卷,第209页,人民出版社,1975年版。因此,马克思认为,劳动的定义是“人的大脑、肌肉、神经、手等部分的生产耗费”。见《资本论》第1卷,第57页(同上版)。甚至可以说,各种具体劳动或多或少是“脑力的”或“体力的”。不过由于机械化,特别是由于生产过程的自动化,一切劳动愈来愈带有“脑力的”性质。而管理和概念性工作则基于很精确的标准。这个标准得自一个事实,包括概念性工作在内的管理的对象,不是直接在生产过程中加工的物质对象,而是其他人的活动。

② 亚当·斯密:《国富论》第9页。

③ 同上书,第13页。

仪器以及少数手工操作的机器得到了应用。在工场手工业框架内发展的分工是生产过程机械化的基础，使采用机器成为可能，同时鼓励了这方面的发明。结果出现了工厂。这是具有现代特征的生产厂。在它的生产过程中，使用各种机器。①

生产过程的广泛机械化和作为新型生产厂的工厂的兴起，说明今后生产力的发展不能依靠分工来改进工人的能力和技巧（那

① 工厂的出现和发展是工业革命的内容，在上面已经谈过。与之有关的一系列发明使工场手工业劳动过程的机械化成为可能。主要的发明发生在英国的纺织工业，并且集中在很短的时期内。约在 1765 年，詹姆斯·哈格里夫斯发明了纺纱机，即珍尼纺纱机，在 1770 年得到专利。1769 年，理查德·阿克赖特发明了水力机械驱动的纺纱机。到 1779 年，这些发明以塞缪尔·克朗普顿的新纺纱机，即走锭纺纱机的形式得到完善。最后在 1792 年，威廉·凯利引入了自动纺纱机。稍晚一些时候，织布也机械化了。1773 年，约翰·凯已经发明了机械梭子，但是爱德门·卡特顿特到 1787 年才设计出来的织布机产生了深刻的变化。所有这些发明的机器都要求蒸汽动力。这种力通过蒸汽机的工作产生。1769 年，詹姆斯·瓦特得到蒸汽机专利。它在稍早一些时候已被应用。在这以前，蒸汽机已为人所知，因为在 17 世纪末已经使用，但是几乎完全用于抽水。现在瓦特的机器在工业上用途很大，起初在纺织工业，接着在生铁生产方面。正如马克思见到的，发生这个情况是因为已经发明了广泛应用蒸汽所需的工具机。见马克思的《资本论》第 1 卷，第 4 篇，第 13 章，第 1 节。他说："机器的这一部分——工具机，是 18 世纪工业革命的起点。在今天，当手工业或工场手工业生产过渡到机器生产时，工具机也还是起点。"他进一步说："……正是由于创造了工具机，才使蒸汽机的革命成为必要。"机器的发展产生了对铁的需要。感谢 1735 年亚伯拉罕·达拜发明了用焦炭代替木炭的炼铁过程，使扩大铁的生产成为可能。1784 年，亨利·考特引入精炼钢铁的新冶炼过程，同时采用辗辊以代替以前的锻打方法，这就使大量生产优质生铁以及发展机器制造或为可能。不过机器是用手工业方式生产的。到了 1717 年亨利·曼德斯来发明用螺纹杆传动的金属切削机床的时刻，机器制造工业才开辟了机械化的道路。这一系列的发明是工业革命的工艺基础。工业革命带来工厂生活，取代工场手工业（通常的道路是把工场手工业转变为工厂），并渐渐驱除手工业。新兴的工厂是——在工场手工业之后——资本主义生产方式的进一步发展阶段，它成为资本主义生产方式的生产厂的基本形式——几乎是资本主义工业的唯一的生产厂。社会主义生产方式不只是接管从资本主义生产方式继承的工厂，也要建设工厂形式的新的生产厂。

对工场手工业是很重要的),而是要依靠改进和引入机器形式的新的劳动资料。马克思说:"生产方式的变革,在工场手工业中以劳动力为起点,在大工业中以劳动资料为起点。"[①]在工厂中对工人的能力和技巧的要求,一般来说是不重要的。他们的劳动被引到操作机器上,而分工则附属于机器的专业化。[②] 最后,现代工厂中生产过程的机械化使自动化成为可能。可以看到,自动化的结果是把劳动过程引向只是监督自动化生产厂的活动。

第七节

生产厂生产一定的产品。生产厂是各个生产部类(例如农业、工业、运输业、仓储业)的一部分,并且它也是以一定产品为根据的各个分部类或生产部门的一部分(例如电力工业、化学工业、纺织工业)。不同生产厂之间存在着分工,同样也存在协作。一个生产厂在自己的生产过程中用其他厂的产品作为原料。伴随生产厂内部的分工存在着更为广泛的分工——在整个社会范围内的分工采取生产厂之间分工和协作的形式。生产厂之间的分工是人类社会成员之间不同层次的分工,[③]或社会分工。马克思用以下的话说

---

① 卡尔·马克思:《资本论》第1卷,第408页,人民出版社,1975年版。

② "在自动化工厂里出现了分工,但这种分工首先是把工人分配到各种专门机器上去。"同上书,第460页。

③ 把社会理解为由简单协作和分工关系联系起来的人们的整体。社会的范围随同生产关系范围的历史发展而变化。在原始社会中,共同狩猎的"社会"包括那个氏族的所有成员;在自给自足的农业公社、古代家族或中世纪封建庄园中,包括那个自然经济的每个成员。现代社会原则上包括国家成员(所以说国民经济),不过进一步还发展到国际分工。

明了这种层次："单就劳动本身来说，可以把社会生产分为农业、工业等大类，叫作一般的分工；把这些生产大类分为种和亚种，叫作特殊的分工；把工厂内部的分工叫作个别的分工。"①

社会分工以及把它分为各个层次的发展和变化不仅与生产力发展而且也与社会生产方式的发展有关。在前资本主义生产方式的家族自然经济中，还说不上存在劳动组织之间的分工协作。劳动组织是整个原始公社、农业公社（例如古代印度公社）、古代家族和封建庄园。一切生产活动都发生在原始公社、农业公社、家族或庄园内部，这被称为家庭经济。有意识和有目的的生产活动由经济组织的指挥者协调起来，其产品在家庭内部消费；只有偶然与其他家庭的产品交换。以后，随着商品关系的发展，在整个经济体内分化出不同的生产厂，由此产生了各个层次的社会分工。除了生产厂内部的协作和分工外，还出现了生产厂之间的协作和分工。

生产厂内部的协作和分工以及过去在家庭经济内部的协作和分工是为了直接满足在其中劳动的人的需要。我们已经谈过，其性质是有意识、有目的的，其一切活动由生产厂或家庭户主来协调。而生产厂之间的分工和协作起源于商品关系的发展，是自发

---

① 卡尔·马克思：《资本论》第1卷，第389页，人民出版社，1975年版。马克思不止一次使用"社会分工"一词。在本卷第1篇第1章第2节中，这个名词是广义的，同样包括生产厂之间的分工以及生产厂内部的分工。马克思说："这种分工是商品生产存在的条件，但不能反过来说商品生产是社会分工存在的条件。在古代印度公社中就有社会分工，但产品并不成为商品。或者拿一个较近的例子来说，每个工厂内都有系统的分工，但是这种分工不是通过工人交换他们的产品来实现的。"马克思又在本卷第4篇第12章第4节中谈到"工场手工业分工"和"构成一切商品生产的一般基础的社会分工"之间的区别。在同一节中还谈到狭义的"社会分工"只包括生产厂之间的分工。我们使用广义的"社会分工"一词包括社会成员之间的一切层次的分工。

产生的。商品关系得到充分发展的资本主义生产方式的历史尤其如此。在资本主义生产方式中也可看出生产厂内部以及生产厂之间的分工的对比。正如马克思所说,“在工厂内部的分工中,预先地、有计划地起作用的规则,在社会内部的分工中只是在事后作为一种内在的、无声的自然必然性起着作用,这种自然必然性可以在市场价格的晴雨表的变动中觉察出来,并克服着商品生产者的无规则的任意行动”[①]。恩格斯把这种状况概括为“个别工厂中生产的有组织性和整个社会的生产的无政府状态之间的对立”[②]。

在资本主义生产方式框架内已经有过一些克服这些矛盾的实验,其形式为协调许多生产厂的活动的协定(例如卡特尔),把生产组织置于共同管理之下(托拉斯、康采恩),以及由国家协调行动。生产资料私有制是把它们组织起来的这种努力的一个阻碍,因为各个生产厂集团之间的分工和协作以后仍然是自发的。而社会主义生产方式对社会中一切生产厂的活动实行完全的协调。这种协调是通过社会经济计划实现的。[③] 计划给予生产厂之间的分工与协作以同样的有意识和有目的的性质,有如各个生产厂内部的协作和分工那样。

第八节

各个层次的社会分工导致了人们在一定活动方面的专业化,

① 卡尔·马克思:《资本论》第1卷,第394页,人民出版社,1975年版。

② 弗里德里希·恩格斯:《反杜林论》第270页,人民出版社,1970年版。

③ 关于这一点参见兰格:《政治经济学》第1卷,第150—152页。

或各种具体劳动的专业化。各种具体劳动由一定集团的人来完成，称为职业，如农民、鞋匠、织布工人、金属工人、不同专业的工程师、图书管理员、工厂经理等等。这种可以看见的社会分工称为职业分工。[①]

各种职业的划分导致各种劳动的具体分化。社会个人的劳动不再是相似活动的总和，不再是同质的劳动。各种职业的劳动不能直接比较，它们的差别在于所需要的知识、技巧和经验的不同，以及所需体力和脑力劳动的不同。也就是说，劳动要求一定的熟练程度。在一定职业中完成劳动所需要的熟练技术是通过学习这种劳动和实践这种劳动取得的。然而，不是一切劳动都要求学习和达到熟练程度，有一些简单活动（例如挖沟、搬运重物、操作简单机器等），每个正常健康的人都可以完成，而不需要专门学习。这

① 在人类社会历史中见到的最早的分工还不属于职业分工的性质，那是一种所谓的自然分工，通常表现在男女之间，部分地也表现在不同年龄的成员之间。妇女主要从事农业和园艺劳动（例如，耕地的最早形式——掘土），男人则从事渔猎。见路德维希·克西威斯基：《野蛮时代社会经济系统》第147—169页，华沙，1914年版。这也表现在各个社会往往分为“男性”和“女性”职业，它们要延续几千年。迈尔维·J.赫斯柯维茨的《经济人类学》第127—142页（纽约，1952年版）证明不同社会中“男”“女”的职业极为不同。然而它们总是有明确的范围并为风俗和传统所承认。恩格斯注意到了职业分工的发展，把它区分为三个阶段：社会分工的第一阶段，分出游牧民族，这在原始公社时代已经实现，它带来牧业产品与其他产品，特别是与农业产品的经常交换，那时开始有了牲畜货币。社会分工第二阶段，开始有了铁的生产和使用，有了手工业（或工业生产）与农业的划分。制造铁制的工具和武器，其他金属（银、金）加工，以及纺织等部分地成为独立职业。与此有关的是城镇的兴起，带来城乡划分。最后，社会分工的第三阶段为商业的独立。商业开始兴起，成为交换不同职业生产的产品的媒介，特别是成为手工业与农业之间、城乡之间以及城镇之间的媒介。商业是自己不从事生产的第一个大行业。见《马克思恩格斯全集》第21卷，第27—203页，人民出版社，1961年版。

种活动称为简单劳动或不熟练劳动。正如马克思所说的,简单劳动是“每个没有任何专长的普通人的机体平均具有的简单劳动力的耗费。简单平均劳动虽然在不同的国家和不同的文化时代具有不同的性质,但在一定的社会里是一定的”[①]。为了区别于简单劳动,熟练劳动通常又被称为复杂劳动。[②] 从事专门职业所需要的劳动常常是熟练劳动,所以具有复杂劳动的性质。简单劳动可由每个正常的适合劳动的人来做,不属于哪一种职业的劳动,可以由称为“没有任何一种职业”的人来做。

第九节

管理是职业分工的一部分。人们知道,它是生产组织中协调各种活动所需要的结果,并且是一切社会生产方式都不能缺少的。[③] 然而它还具有其他意义,即有关生产资料所有制或有关一定历史生产方式的性质的意义。在对抗性生产方式中,管理不仅服务于生产过程中协调活动的社会需要,而且那个过程从属于生

① 卡尔·马克思:《资本论》第1卷,第57—58页,人民出版社,1975年版。

② 同上书,第2节。德文版作 Kompliziertere Arbeit,即较复杂的劳动,以后又进一步表示为 Kompliziertteste Arbeit,即最复杂的劳动。所以马克思不是指一种复杂劳动,而是指劳动的不同程度的复杂性,对应于某种职业所需的或大或小的熟练程度。

③ 对这个论点的最强大的支持是恩格斯描写的对于棉纺厂或铁路的整个活动进行协调的必要性。他在描写铁路时说:“这里无数人的合作也是绝对必要的;为了避免不幸事故,这种合作必须依照准确规定的时间来进行。在这里,活动的首要条件也是要有一个能处理一切所属问题的起支配作用的意志——不论体现这个意志的是一个代表还是一个负责执行有关的大多数人的决议的委员会,都是一样。不论在哪一种场合,都要碰到一个表现得很明显的权威。”见《论权威》。

产资料所有制的利益。管理成为通过生产资料所有制工作而获利的手段。马克思用以下的话描述了这一点："……凡是建立在作为直接生产者的劳动者和生产资料所有者之间的对立上的生产方式，都必然会产生这种监督劳动。这种对立越严重，这种监督劳动所起的作用也就越大。因此，它在奴隶制度下所起的作用达到了最大限度。但它在资本主义生产方式下也是不可缺少的。因为在这里生产过程同时就是资本家消费劳动力的过程。"①

管理在对抗性生产方式中的这种双重性质缘于生产资料所有者或其代理人（古代奴隶农场中的总管、封建庄园中的管家、资本主义工厂中的经理）同时也是生产过程的组织者。他起双重作用：社会不可缺少的生产过程中各种活动的协调者和营利工作的组织者。在生产过程中起协调者作用，因为他是生产资料所有者或其代理人；生产资料所有制是基本事实，生产过程中的协调作用是其后果。②

这与两种生产关系的存在及其相互依存关系相关。生产关系是人与人之间的社会关系。人与人在生产过程中互相联系。它的根源在于生产过程是社会过程，人在生产过程中合作并互相提供劳动。在这种社会过程中存在协作（简单协作及分工），也存在各种形式的生产资料所有制。由此产生两种生产关系：第一种生产

---

① 卡尔·马克思《资本论》第3卷，第431—432页，人民出版社，1975年版。

② "资本家之所以是资本家，并不是因为他是工业的领导人。相反，他所以成为工业的司令官，因为他是资本家。工业上的最高权力成了资本的属性，正像在封建时代，将军和法官的最高权力是地产的属性一样。"见马克思：《资本论》第1卷，第369页，人民出版社，1975年版。

关系是因劳动过程中的协作而产生和形成的,称为协作关系;第二种生产关系是在某个社会中存在的生产资料所有制基础上形成的,称为所有制关系。协作关系直接来源于简单协作和分工。只要存在相应的简单协作和分工的方式以及有关的应用于生产过程的技术,它就会继续存在下去。克西威斯基援引铁路劳动系统的例子很好地说明了这一点:"……适当时间有人售票,称量货物,注意列车的位置,还有人担任工程师职务,检查车辆,也有人执行电报员职能。一个人的活动,准确地配合着别人的活动。每个人都好像给这部分或那部分的死设备做活的补充。人的集团与整个铁路形成一个整体。不了解规定的铁路时间表,以及技术设备和货物流动情况,就不能理解人的职责。①

上述协作关系在很大程度上不取决于所有制关系,不取决于铁路是私人财产还是社会财产。但是它不能采用某些种类的私有制,因为它使铁路劳动技术要求的协作和分工成为不可能。而铁路是资本主义私有制还是社会主义公有制,会影响参加工作的劳动者的工资高低、对劳动付酬的形式和方法、管理者与工作人员之间的关系、是否存在工人自治及其权利、接受和解除工作的条件等等,可能也影响用于生产的技术,例如各种活动的机械化程度以及发展协作的道路。

协作关系和所有制关系互相影响又互相依赖。生产的技术条件和生产力水平决定协作关系。所有制关系也影响协作关系:或

① L.克西威斯基:《动物和人类的社会发展。社会学研究》第201—202页,华沙,1951年版。

是通过确定在某种所有制关系范围内可能有的协作关系直接施加影响，或是通过影响生产过程所使用的技术间接施加影响。所有制关系对协作关系的重要直接影响是决定谁是生产过程中各种活动的协调者，谁是生产过程中的管理者，以及为了谁的利益。

第十节

一定物品的生产需要适当的时间。生产过程包括的各种活动或具体劳动，需要一定的或长或短的时间。而且在生产过程中，不是一切活动都是同时进行的。各种活动通常是按时间依次进行的，而且完成前面的活动常常是后面的活动得以进行的条件。各种活动的相继出现是由劳动资料加工劳动对象的技术所决定的。例如，农业活动的顺序是由培养某种植物的技术决定的，制造白炽灯的各种活动的顺序决定于所用机器的种类、操作方式以及机器的作用。所以协调生产过程的各种活动包括均衡地协调这些活动的时间。

生产一定的产品进行的各种活动或劳动需要的时间称为这种生产的劳动期间。① 生产不同物品的劳动期间是不同的，通常决定于这种物品的数量和质量。马克思说："在一个部门，每天、每周提供一定量的成品棉纱，在另一个部门，劳动过程也许要反复进行三个月，才能制成一件成品、一台机车，……生产行为持续时间的

① "而我们所讲的劳动期间，指的是一定生产部门为提供一件成品所必需的互相联系的工作日的数目。"卡尔·马克思：《资本论》第2卷，第257页，人民出版社，1975年版。

差别,不仅在不同生产部门之间发生,而且在同一个生产部门内也会发生,因为所要提供的产品的规模有大有小。”①

然而劳动期间并没有包括制造产品所需要的全部时间。大家知道,生产应用间接活动,启动因果链,它代替人对劳动对象的直接干预,应用耦合作用系统,例如各种生物学和化学的过程以及机器的机构。这种耦合作用系统同样需要一定时间才能达到人所希望的结果,虽然它并不是所有时间都需要人的服务或劳动。马克思举了一系列例子:“例如,榨出来的葡萄汁,先要有一个发酵时期,然后再存放一个时期,酒味才醇。在许多产业部门,产品要经过一个干燥过程,例如陶器业。或者把产品置于一定条件下,使它的化学性质发生变化,例如漂白业。冬季作物大概要九个月才成熟。在播种和收获之间,劳动过程几乎完全中断。在造林方面,播种和必要的预备劳动结束以后,也许要过一百年,种子才变为成品。”②对这些例子可以补充一点,一定的产品由自动化机器制造,要求先有一定时间由工人把原料送给机器。为制造某种产品所需要的总时间称为生产时间或生产期间。③ 可以看出,生产期间一

① 卡尔·马克思:《资本论》第2卷,第255页,人民出版社,1975年版。

② 卡尔·马克思:《资本论》第2卷,第266页,人民出版社,1975年版。

③ 同上。在普通经济计划和管理的实践中,现在用生产周期来表示生产期间。这种生产期间或生产周期是关于各个生产组织中的生产过程的。它不能与政治经济学中奥地利学派的著名代表人物欧根·庞巴维克理论中的生产期间混为一谈。庞巴维克的生产期间不是讲各个生产组织,而是指整个社会经济。他考察的生产是各阶段连贯的过程。从开采原料开始,经过制造各种半制品,以及用工具和装备加工劳动对象,直到产出可供消费的制成品。这个过程的每个阶段由一定的劳动来完成。从各个阶段中投入劳动算起,直到产出可供消费的制成品为止的全部过程经过的平均时间,庞巴维克称之为生产期间。

般地比劳动期间长，不会有一次比它短。

生产资料——劳动对象和劳动资料都一样——消耗在生产过程中。有些在一个生产期间完全消耗掉，那是劳动对象被转化为产品。用工艺学的语言来说，劳动对象是用以产生产品的原料，它是完全转化为产品的原料。也可以这样来表示：劳动对象"完全进入产品"，即在生产过程结束后，不存在一点原来的自然形式，它完全被消耗掉了。有些劳动资料在一次生产期间也被完全消耗掉（例如煤、石油、通向电动机的电流、机器用油脂、生产车间照明用电流等）。它们不是制造产品的原料，而完全消耗在生产期间。[①]完全消耗在一个生产期间中的生产资料称为营运资本。

然而，劳动资料的特点通常是很耐久的，它保留自然形式，同时适合于较长时间使用，它可以用于不止一个生产期间。这种生产资料称为固定资本。明显的事实是，生产资料的耐久性是有限的，各种劳动资料——工具和机器以及各种辅助装置——渐渐消耗掉，最后不适合再用，而必须用新的更换。它的原因是不同的。劳动资料在使用期中被消耗掉，但是它的消耗速度决定于使用的频率和强度。例如，每天运转 16 小时的机器的消耗速度比每天运转 8 小时的机器快，负荷较大的内燃机或蒸汽机消耗较快，列车频繁通过和负荷较重的铁路的铁轨消耗较快（车站的铁轨消耗特别

① "一部分生产资料——指这样一些辅助材料：它们在劳动资料执行职能时由劳动资料本身消费掉，例如，煤炭由蒸汽机消费掉；或者对过程只起协助作用，例如，照明用的煤气等——在物质上不加入产品。……但是，它们在所参与的每一个劳动过程中被全部消费掉。因此对每一个新的劳动过程来说，必须全部用同一种新的物品来替换。"卡尔·马克思：《资本论》第 2 卷，第 178 页，人民出版社，1975 年版。

快)。

即使没有用于生产,劳动资料也在逐渐消耗。房屋和各种装置暴露于自然环境的作用之中,构筑房屋或装置的材料随时间的消逝而朽坏,制造机器的钢铁会生锈或以其他形式失去效用。最后,由于技术进步的结果,出现了更好的劳动资料,特别是机器和装置,它们最容易变为陈旧。也就是说,出现了劳动资料的无形损耗或经济过时。[①] 与前面谈过的物质损耗对比,有些劳动资料则因偶然事件而不能再用(例如,工厂因失火被毁,农业设施因水灾被毁,船舶沉没,铁路车辆因事故而损坏……)。

需要指出,某种生产资料是营运资本还是固定资本,决定于它在生产过程中的消耗方式,决定于它在一个生产期间还是在几个生产期间被消耗掉,而不决定于它的物质性质。用作役畜的牛是固定资本,为了宰杀进行肥育时是劳动对象,同时也是营运资本。[②] 在第一种情况下,生产期间是进行农业活动的一年期间,牛被用于若干个这种期间。在第二种情况下,生产期间是为了送去屠宰而进行肥育的期间。牛被作为劳动对象而用于一个生产期间。

生产资料被用于生产过程的时期称为使用期间。使用期间的

① "精神消耗"一词是马克思使用的,他说"精神"一词不完全适当,它只是一种比喻,用来与物质损耗相区别。马克思说:"但是,机器除了有形损耗以外,还有所谓无形损耗。"见《资本论》第1卷,第443页,人民出版社,1975年版。S.G.斯特鲁米林在《苏联经济概论》第71—72页(华沙,1961年版)上评论说:"使用'精神损耗'一词不合理。在那种社会里,正如施德林所说,'看好口袋里的钱重于一切'。经济损耗与精神损耗的概念无从区别。合理的建议可用'经济过时'一词与物质损耗的概念对照,而留下'精神损耗'的意思,作为人的意识中许多资本主义遗迹之一。"现在也常用"经济损耗"一词。

② 卡尔·马克思:《资本论》第2卷,第181页,人民出版社,1975年版。

数值可用两种方式表示，或以生产时间或期间为单位，或以自然时间如年、月为单位。如果使用期间用生产期间来计量，则营运资本的使用期间总是等于1，而固定资本的使用期间是生产期间的一定倍数。然而，这种计量方法不可能直接比较各个生产活动和部门的生产资料使用期间。所以，通常用自然时间单位来计量使用期间。

生产资料在时间过程中消耗掉。或由于在生产过程中被使用(这是主要的)，或由于其他原因而作用遭到削弱。生产资料的损耗速度用它的损耗率来计量。损耗率是生产资料使用期间的倒数。类似使用期间，损耗率可以用以生产期间表示的时间单位计量，或以自然时间单位计量。例如，生产期间为3个月，而在此生产过程中已安装的机器可使用10年。这时在一个生产期间过程中消耗掉的营运资本，其使用期间为一个生产期间，损耗率等于1。而机器的使用期间等于40个生产期间，它在一个生产期间的损耗率为1/40。如果数值以自然时间单位计量，则营运资本使用期间为1/4年，而它的损耗率为4，或在一年过程中营运资本需要更新四次，机器使用期间为10年，其损耗率每年为1/10，或在使用10年后机器需要更新。

第十一节

一个生产时期过去后生产过程并没有结束，它开始不断重复。为了满足人的社会需要，物质财富是不可缺少的。正如马克思所说，“不管生产过程的社会形式怎样，它必须是连续不断的，或者说,必须周而复始地经过同样一些阶段。一个社会不能停止消费,同样,它也不能停止生产。因此,每一个社会生产过程,从经常的联系和它的不断更新来看,同时也就是再生产过程"①。再生产是生产过程的重复。它和生产一样是社会过程,因此我们说社会再生产过程。

众所周知,在生产过程中会消耗生产资料,所以在再生产过程中需要重新消耗生产资料,否则生产过程就不能继续下去。生产资料需要重新制造,其目的是更换已消耗掉的生产资料。应当指出:必须拥有一定数量可供实际消耗的生产资料形式的产品,因为只有这样它们才可以得到更新。正如马克思所说,"生产的条件同时也就是再生产的条件。任何一个社会,如果不是不断地把它的一部分产品再转化为生产资料或新生产的要素,就不能不断地生产,即再生产。在其他条件不变的情况下,社会在例如一年里所消费的生产资料,即劳动资料、原料和辅助材料,只有在实物形式上为数量相等的新物品所替换,社会才能在原有的规模上再生产或保持自己的财富。这些新物品要从年产品总量中分离出来,重新并入生产过程"②。

更新的生产资料被用来不断重复某个生产过程的各种活动或具体劳动。再生产过程是一定劳动过程的重复。为了使这成为可能,必须利用社会成员的从事这些劳动的能力,所以必须使用能完成一定劳动的人并且必须保持他们完成这些劳动的能力。当这样

① 卡尔·马克思:《资本论》第1卷,第621页,人民出版社,1975年版。
② 同上。

的人由于生病或年老以及其他原因而失去从事各种具体劳动的能力和技巧时，就必须由得到这种能力和技巧的人代替。拥有从事一定劳动的能力和技巧的人称为劳动力。[1] 因此，随着已消耗生产资料的更新，社会存在的劳动力也需要更新。

劳动力更新包括两个过程。第一个过程是保持存在于个人身体内的劳动力，这种力在劳动过程中将被耗尽，必须通过营养、休息、适当的娱乐、居住条件以及为保持从事劳动的技巧（或职业熟练程度）所做的努力来恢复。它要求满足社会劳动成员的一系列——生物学的和社会文化的——需要。如这些需要没有得到满足或较少得到满足，则从事劳动的能力和技巧或劳动力将会减少。

不过，个人现有的劳动力不可能保持，也就是不可能更新，因为个人的时间不是无限的。生物学老化的自然过程和个人的死亡使更新成为不可能。这些过程导致在一定时间之后，个人现有的劳动力会减少并最终由于衰老或死亡而完全消失。最终，每个人都会从社会劳动过程中退出。因此，社会现有劳动力的更新要求由具备从事各种劳动的适当技巧的新人替代退出社会劳动过程的人。他们是社会劳动中新的一代人。这样一代人的更新，首先要求产生新人类的适当的生物学过程。他们可在将来代替劳动过程中的一代老人。这是所谓的人口再生产。[2] 但是这还不够，新生

① 马克思用“劳动力”一词以示劳动力与所从事劳动之间的区别。他下的定义是：“我们把劳动力或劳动能力理解为人的身体即活的人体中存在的每当人生产某种使用价值时就运用的体力和智力的总和。”《资本论》第 1 卷，第 190 页，人民出版社，1975 年版。

② 所谓人口再生产的定义应该是：“人口的再生产依靠用新的一代更新离去的一代。”见 A. A. 波嘉斯基和 P. P. 苏塞林的《人口统计学》，第 90 页，莫斯科，1955 年版。

的个人必须经过一定时期的抚养才能成长起来,为了获得在生产过程中从事各种具体劳动的技巧还要接受教育和参加学习(或者为了获得职业熟练程度)。这一切是在社会中从事劳动的一代人口的更新过程的各个方面。更新一代也要满足新一代的一整套生物学的和社会—文化的需要,包括从事对新一代的抚养、教育的老一代人的需要。

社会劳动力的更新因而同样包括现有个人劳动力的更新以及下一代劳动人口的更新。[①] 这两种过程都是为了更新社会中的劳动力,都与满足生物学的、社会的、文化的需要的必要性相关。它要求生产适当的物品以满足这种需要。这些物品是消费品(也包括服务设施,例如医药、教学、娱乐设施等)。所以必须有一定数量的产品作为更新社会劳动所不可缺少的消费品。这些消费品称为维持劳动力所不可缺少的生存资料。[②]

第十二节

以上讨论的结果表明,再生产过程要求制造一定数量的生产

① 马克思用以下的话来表达:"一个人的劳动力只有当他活着时候才存在。一个人要想成长和维持生活就必须消费一定量的生活资料。但是一个人也和一部机器一样是不免要损坏的,所以必须用另一个人来代替他。工人除了维持自己生活所必需的一定量的生活资料以外,还需要有一定量的生活资料来养育子女,因为他们将在劳动市场上代替他,并且还要延续工人的种族。"见《马克思恩格斯全集》第16卷,第145页,人民出版社,1964年版。

② 这个名词来自马克思。不过应记住,这些资料不仅是为了维持生物学意义上的生活,而且也是为了维持那些对于维持社会劳动力来说是必需的社会和文化条件。见《资本论》第1卷,第197页,人民出版社,1975年版。

资料形式的产品以更新消耗掉的生产资料，同样也要制造一定数量的维持社会劳动力所必需的生存资料形式的产品。然而在高于原始社会的生产力水平的某些阶段，社会生产过程制造的产品数量大于更新生产资料以及劳动力需要的数量。[①] 这个剩余数量的产品超过了再生产过程中所必需的剩余产品，这种剩余产品的总体称为社会生产过程的剩余产品。[②]

计入剩余产品总体的各种产品可以采取各种物质形式，可以有各种用途。当剩余产品只能用作消费资料，生产资料的生产只够更新再生产过程中消耗的生产资料时，称为简单再生产；[③]当剩余产品总体中一部分产品采取生产资料的物质形式，以后增加用

① 恩格斯的观点是，野蛮社会中期（按照 L.H.摩尔根划分的社会发展阶段），也就是采用畜牧、金属加工、纺织和农业之后，开始出现剩余。见《马克思恩格斯全集》第21卷，第27—203页，人民出版社，1965年版。路德维希·克西威斯基同意这一点。见“经济关系的发展”，载《世界与人》第3册，第294页，华沙，1921年版。赫斯柯维茨举出一些现代民族的例子，认为他们在更新生产资料和劳动力的需要之外，不生产剩余产品，其中有非洲的布须曼人和霍屯督人、爱斯基摩人、中央省的土著、玻利维亚和茶考高地的某些印第安部落。所有其他已知的原始民族都生产剩余产品。见赫斯柯维茨的《经济人类学》第十八章。

② 用于这个意义的“剩余产品”一词是马克思引入的。见《资本论》第1卷，第6章。最初，重农学派用相似的名词（净产品），古典学派经济学家则用同样的名词表示马克思称为剩余产品的事物。不过他们对剩余产品这个概念下的定义是不精确的。直到马克思在劳动的概念和劳动力的概念之间进行区别时才提出了精确的定义。使用“剩余劳动”一词的早期历史在马克思的著作《剩余价值学说史》第一篇中有所阐述。一些现代作者使用“经济剩余”的概念。例如，前面谈到的赫斯柯维茨的《经济人类学》第395页上用了这个概念，其含义等于马克思说的“剩余产品”。保罗·巴兰的《增长的政治经济学》第25—43页，华沙，1958年版，也使用了“经济剩余”一词。不过巴兰自己也注意到（25—26页），他的经济剩余概念比马克思的剩余产品概念一部分含义较窄，一部分则含义较广。

③ 卡尔·马克思：《资本论》第1卷，第二十一章，人民出版社，1975年版。

于生产过程的生产资料总量时,称为扩大再生产。[①] 通过扩大再生产,生产资料得到增加,通常带来生产过程制造的产品数量的增加。生产资料总量增加,具体劳动的总量也要求增加——使用新增加的生产资料。这就要求增加社会中的劳动力。结果消费资料的剩余部分成为必需的生存资料,通常采取一定的物质形式(例如专门的营养品或职业教育的仪器设备)。所以通过扩大再生产,各种产品一部分以生产资料的物质形式、一部分以取得必需的生活资料的形式加入剩余产品的总体。

在某些情况下,例如发生战争或自然灾害(地震、洪水、歉收),生产过程中制造的产品数量可能不足以更新生产资料和劳动力。这可能是由于产品数量显著减少(例如歉收的情况)或大大需要增加更新的生产资料的数量(例如战争或地震的破坏)。那时,用于生产过程的生产资料总量以及劳动力(或只有其中之一)就会相对减少,其结果会导致制造产品的数量的减少。在此情况下,我们说发生了缩小再生产。[②]

再生产过程中存在着各种数量关系。必需的生活资料数量与更新已消耗的生产资料所需的产品数量的关系(后者决定于可供使用的生产资料总量及其消耗速度或损耗率)。制造各种物质形式的产品数量与这些产品用于各种目的(生产或消费)的数量之间的关系。生产资料消耗的数量、完成各种具体劳动的数量和生产

① 卡尔·马克思:《资本论》,第1卷,第二十二章,第2卷,第二十一章。

② 这个概念,据我所知被尼古拉·布哈林称为“负的扩大再生产”。见N.布哈林:《过渡时期经济学》第43页,汉堡,1922年版。在资本主义生产方式下,在商业循环的危机和衰退时期的某些阶段,可能发生缩小再生产。

产品的数量之间的关系。在这些产品中，哪一部分构成剩余产品，剩余产品的物质构成是什么，剩余产品总和中各种产品有多少用于增加生产资料总量，有多少用于增加劳动力必需的生活资料，以及在扩大再生产的不同条件下，生产数量的增长率达到多大，等等，所有这些数量关系问题都要求进行专门的探讨。

第二章 生产中的数量关系

第一节

生产是协同劳动过程的总体,在此过程中人们有意识、有目的地使用劳动资料加工劳动对象。换言之,生产表现为人的劳动和生产资料的结合,这种结合的结果是产品。马克思说:"在劳动过程中,人的活动借助劳动资料使劳动对象发生预定的变化。过程消失在产品中。……劳动与劳动对象结合在一起。劳动物化了,而对象被加工了。在劳动者方面曾以动的形式表现出来的东西,现在在产品方面作为静的属性,以存在的形式表现出来。劳动者纺纱,产品就是纺成品。如果将整个过程从其结果的角度、从产品的角度加以考察,那么劳动资料和劳动对象表现为生产资料……"①

劳动和生产资料是生产过程的要素,或简称生产要素。这些要素包括各种具体劳动,例如织布、纺纱、金属加工、耕作、运输货物等等,以及各种具体生产资料,例如羊毛、生铁、硫酸、铲、机床、电力、机车等等。各种具体劳动是人的生产要素,并且不仅要求有

---

① 卡尔·马克思:《资本论》第1卷,第205页,人民出版社,1975年版。

适宜劳动的人，而且也要求这些人有一定技能或熟练程度。而各种生产资料是物质生产要素，它们的具体性质和形式表现为生产技术，也就是用于各种劳动过程的物质技术。[①]

为了制造产品，人和物的要素必须结合起来。在不同的社会生产过程中，这种结合所表现的方式是不同的，而且它有一定历史时期生产方式特征的印记。结合这个事实是一切社会制度不能缺少的生产条件。马克思用这样的话论证了这一点："不论生产的社会形式如何，劳动者和生产资料始终是生产的因素。但是，二者在彼此分离的情况下只在可能性上是生产因素。凡要进行生产，就必须使它们结合起来。实行这种结合的特殊方式和方法，使社会结构区分为各个不同的经济时期。"[②]然而在这种结合中，人和物的生产要素的作用是不同的。人的要素或者各种具体形式的劳动是生产过程中主动的、创造性的要素；生产资料或生产的物的要素是人类劳动所推动和加工的物质客体。"劳动作为这种有目的的生产活动，只要同生产资料接触，就使它们复活，赋予它们活力，使它们成为劳动过程的要素，并且同它们结合为产品。"[③]

所以作为生产过程中主动要素的人类劳动称为活劳动，以区别于生产资料，后者是以前物化在里面的劳动成果。[④] 马克思用

---

① "人的"和"物质的"生产要素是马克思使用的名词。见《资本论》第 2 卷，第 32 页，人民出版社，1975 年版。

② 卡尔·马克思：《资本论》第 2 卷，第 44 页，人民出版社，1975 年版。

③ 同上书，第 1 卷，第 226 页。

④ "当一个使用价值作为产品退出劳动过程的时候，另一些使用价值，以前的劳动过程的产品，则作为生产资料进入劳动过程。"见卡尔·马克思：《资本论》第 1 卷，第 205 页，人民出版社，1975 年版。

以下的话表述活劳动在生产过程中的主动作用:“机器不在劳动过程中服务就没有用。不仅如此,它还会由于自然界物质变换的破坏作用而解体。铁会生锈;木会腐朽;纱不用来织或编,会成为废棉。活劳动必须抓住这些东西,使它们由死复生,使它们从仅仅是可能的使用价值变为现实的和起作用的使用价值。”[①]生产资料“被劳动的火焰笼罩着,被当作劳动自己的躯体,被赋予活力以在劳动过程中执行与它们的概念和职务相适合的职能……”[②]活劳动用这种方式推动生产过程并保持其运动,它们是有意识和有目的的人类活动,它们利用了物化在生产资料中的以前劳动的成果。生产资料是为了达到制造产品的目的而服务于人类活动——活劳动——的资料。[③]

上述生产资料的性质,作为制造产品的劳动和生产资料的结合,可以用下面的示意图来表达:

$$\begin{pmatrix}\text{劳动}\\\text{生产资料}\end{pmatrix}\rightarrow\text{产品。}$$

① 卡尔·马克思:《资本论》第1卷,第207—208页,人民出版社,1975年版。

② 同上书,第208页。

③ 在所谓生产要素理论中,没有区别人的生产要素或人的活劳动的主动作用与物的生产要素,即人的活动的物质资料的辅助作用。这种理论始自J.B.萨伊,见他的《政治经济学理论》,巴黎,1803年版,它在所谓奥地利学派和新古典学派的代表人物中间被十分一致地接受。它把人的劳动和生产资料当作对等的制造产品的生产要素。每一个生产要素同样对制造产品做出贡献,是生产中的“伙伴”,生产是它们的创造。这种拜物教的生产过程理论用自然主义的方式把生产过程理解为自然过程,在这个过程中生产要素自动加工为产品,忽视了生产过程是人的有意识、有目的的活动的性质,而将人的劳动和物的生产要素等量齐观。实际上这种理论被用来作为证明资本主义生产方式下社会产品分配范畴的合理性的辩护基础,把它当作生产过程自然性质的结果。见兰格:《政治经济学》第1卷,第3版。

令 L 代表劳动，Q 代表生产资料，P 代表产品，则上面的示意图可表示如下：

$$\begin{pmatrix} L \\ Q \end{pmatrix} \to P。$$

在此式中，L 代表各种具体劳动，例如纺纱、织布、金属加工、安装、砌砖、播种、耕作等的总和。Q 代表各种具体生产资料，例如煤炭、生铁、一定种类的工具和机器、一定种类的土地（农田、草地和牧场、林地）等的总和。列入总和 L 或 Q 的具体种类的劳动或生产资料称为这些总和的元素。①

这个公式右边表示产品的 P 可以是在生产过程中制造的单

① 总和 L 的元素，或各种具体劳动可以用 $L_1, L_2, \cdots\cdots L_m$ 来表示，而总和 Q 的元素或各种具体生产资料，用 $Q_1, Q_2 \cdots\cdots Q_n$ 来表示。这样总和可用符号表示如下：

$$L = \begin{vmatrix} L_1 \\ L_2 \\ \vdots \\ L_m \end{vmatrix}, \quad \text{以及 } Q = \begin{vmatrix} Q_1 \\ Q_2 \\ \vdots \\ Q_n \end{vmatrix}。$$

上面生产过程的公式因此也可写成展开的形式：

$$\begin{vmatrix} L_1 \\ L_2 \\ \vdots \\ L_m \\ Q_1 \\ Q_2 \\ \vdots \\ Q_n \end{vmatrix} \to P。$$

在这个公式中，总和 L 和 Q 的各个元素被表现出来。以这样的方式表达劳动和生产资料的明显的集体性质。

一物品。不过在同一生产过程中通常会同时制造许多品种的产品。例如,各种型号的收音机和电视设备;汽油(各种质量的)、石蜡、沥青以及各种油脂;在同一养猪过程中,生产猪肉、猪油、猪皮和猪鬃。这些情况称为联合生产。在有些联合生产中可区分主产品和副产品。生产是为了得到主产品才进行的。如在石油蒸馏过程中,汽油是主产品。不过主产品和副产品常常难以区分。在有些联合生产过程中,各种产品都是生产活动同等重要的目的。例如,同时制造收音机和电视机、摩托车和自行车或汽车和汽船。如果生产过程属于联合生产性质,则上面公式中出现的符号 P 表示联合生产中制造的各种产品的总体。各种产品是这个总体的元素。① 劳动和生产资料以及产品(或联合产品)的具体品种很多,借助于许多名称和公认的计量单位才能表达出来。各种劳动通常用时间单位(工作日)计量,即完成一定活动的工人劳动天数。产品用重量、体积、长度单位计量,或直接用件数计量。至于生产资料,其表示方式因营运资本或固定资本而异。营运资本完全消耗在一个生产周期中,其消耗部分用与产品相同的单位计量,即重量、体积、长度、能量、件数等等。然而,固定资本则经过一个生产周期后仍保持它自己的自然形式和用途,所以不测量其消耗而测量其使用期。使用期以时间单位计量,以某台机器、某个厂房、某

① 在此情况下,产品总体中的各个元素可用 $P_1, P_2, \cdots\cdots P_k$ 来表示:

$$P = \begin{vmatrix} P_1 \\ P_2 \\ \vdots \\ \vdots \\ P_k \end{vmatrix}。$$

台车辆的使用天数计量各种劳动。生产资料和产品的单位称为自然单位。投入生产过程中的劳动数量以及消耗在这个过程中的营运资本和固定资本的数量统称为支出。而生产的产品数量称为该生产过程的报酬。可以看出，支出和报酬都以自然单位计量。支出和报酬是按一定时期，例如生产时期或自然时间单位（月、季、年等）计算的。所以它可用“某某时间中某某自然单位”或一定时间内的自然单位数计量。如果所考虑的时期有变化，支出和报酬的数量也会按比例变化。这个情况表明，支出和报酬具有流动性质，即在所考虑的时期中流过一定的自然单位数量。而在生产过程中发挥作用的固定资本数量（与它的使用支出有区别）以自然单位计量而不参考时间，例如机器、房屋、固定的耕地等的数量。这种不参考时间定义的数量称为存量。① 存量也包括流动资料的存量〔区别于它的支出（即在生产过程中消耗的），它是流量〕。

某个生产过程的各种劳动和生产资料的支出和报酬的含意与各个生产组织或各个组织的集团（例如工业托拉斯或联合体），或

① 众所周知，各种物理量表示为长度、质量和时间单位（用 L、M、T、表示）。用以计量物理量的单位是它的量纲。例如，速度的量纲用符号写成 $\frac{L}{T}=LT^{-1}$，加速度的量纲为 LT^{-2}，力的量纲为 MLT^{-2}，机械功的量纲为 ML^2T^{-2}，等等。经济量的量纲，首先考虑用自然单位计量的数量，并用 N 代表适当的自然单位。存量的量纲是 N，流量的量纲是 NT^{-1}。W.S.杰文斯首先在经济中应用所研究数量的一定的量纲。见他的《政治经济学理论》第三章，伦敦，1971 年版。P.H.威克斯第更正了杰文斯处理问题的某些错误。《政治经济学常识》第 2 卷（伦敦，1946 年版）附录有“经济量的量纲”一文，它重印了《帕尔格雷夫政治经济学词典》（伦敦，1894 年版）发表的论文。关于这个题目，可参见 S.C.埃文斯：《经济学的数学引论》第二章，纽约—伦敦，1930 年版。还有最新的著作，A.J.波雅斯基：《数理经济学概论》第七章，莫斯科，1962 年版。并见兰格：《再生产和积累理论》第 20—21 页，华沙，1961 年版。

整个生产部门的含意一样(例如钢铁工业),即生产组织集团或整个生产部门的支出和报酬,是各个生产组织的相应支出和报酬的总和。以这样的方式求和,即把各种具体劳动或各种具体生产资料支出分别求和(在联合生产的情况下也分别求各种产品之和),结果得到这些和数的总和,它们表示生产组织集团或生产部门的劳动和生产资料的支出或报酬。各个和数是总和的元素。

劳动支出、生产资料支出及最终报酬表示的集合可进行某些计算。例如,集合可以求和,通过它们的元素的求和,使集合和集合相加,结果产生新集合,它的元素是相加集合的元素之和。此外,因为支出和报酬属于流量性质,集合可乘以实际数量。按照这种方式,每个元素乘以这个数,结果是新的集合。考虑时期变化时也可用乘法,例如,从以生产时期计量时间改变为以自然单位计量时间,或自然单位发生变化(例如,月变为年),其集合可用实数来除(用这个数的倒数来乘)以及用减法(加一个用 -1 来乘的集合)求得。

用实数集合(即任意排列的集合)表示的数量有一些特点,它可以相加(把作为它的元素的各数字相加),可以乘以实数(各个元素都乘以那个数)——它们称为矢量。① 集合包含的各个实数,称为矢量的元素。与矢量不同,借助于单一实数(而不借助于数的集

---

① 设$(x_1,x_2,\cdots\cdots x_n)$和$(y_1,y_2,\cdots\cdots y_n)$为任意选取的 n 个实数的集合。可以认为这些集合是 n 维矢量,而 $x_1,x_2,\cdots\cdots x_n$ 和 $y_1,y_2,\cdots\cdots y_n$ 是这些矢量的元素,写成

$$x=\begin{pmatrix}x_1\\x_2\\\vdots\\x_n\end{pmatrix} \quad 和 \quad y=\begin{pmatrix}y_1\\y_2\\\vdots\\y_n\end{pmatrix},\quad 那么 \quad x+y=\begin{pmatrix}x_1+y_1\\x_2+y_2\\\cdots\cdots\\x_n+y_n\end{pmatrix},$$

合)表示的数量称为标量。标量可以按照一定的标尺(例如长度或重量)来计量,故有此名。相反,矢量则不总是能够按照一定标尺计量的,因为它的每一元素可按不同比例变化;只在特殊情况下它才可以按照一定标尺计量,即在所有元素都按同一比例变化的时候,例如在扩大或缩小的时候。可以看到,劳动支出和生产资料支出(前面示意图中的数量 L 和 Q)是矢量。如果只制造一种产品,报酬 P 是标量;在联合生产的情况下则是矢量。

第二节

生产中保持的基本数量关系是报酬与劳动和生产资料支出之间的关系。这个关系决定于马克思称为劳动生产力的各种条件的总和。劳动生产力取决于以下情况,即"由于生产条件发展程度的不同,等量的劳动在同样时间内会提供较多或较少的产品量"①。劳动生产力决定于某个历史条件下生产力发展的总水平。马克思

$$\lambda x=\begin{pmatrix}\lambda x_1\\ \lambda x_2\\ \vdots\\ \lambda x_n\end{pmatrix},\quad \lambda y=\begin{pmatrix}\lambda y_1\\ \lambda y_2\\ \vdots\\ \lambda y_n\end{pmatrix},$$

其中 λ 是任意实数(标量)。矢量的元素也可写成行而不写成列,即 $x=(x_1, x_2, \cdots\cdots x_n)$ 和 $y=(y_1, y_2, \cdots\cdots y_n)$。此外,如果矢量 x 和 y 的所有元素都相等,即 $x_1=y_1, x_2=y_2, x_3=y_3, \cdots\cdots x_n=y_n$,则 x 与 y 是相等的,即 $x=y$。

① 卡尔·马克思:《资本论》第 1 卷,第 568 页,人民出版社,1975 年版。关于马克思的劳动生产力与劳动生产率两个概念的关系(后者将在以后讨论),参见 S.G.斯特鲁米林的《劳动生产率问题》第 33 页,华沙,1959 年版。又见 F.D.马可松:《资本主义经济中劳动生产率的变化》第 3 卷,第 249 页,莫斯科,1957 年版(科学统计论文)。还可参见 B.明茨的《社会主义政治经济学》第 190—193 页,华沙,1963 年版。

说:“劳动生产力是由多种情况决定的,其中包括工人的平均熟练程度,科学的发展水平和它在工艺上应用的程度,生产过程的社会结合,生产资料的规模和性能,以及自然条件。”①劳动生产力变化的具体结果是一定的劳动(即活劳动)和生产资料支出得到的产品数量或报酬的变化。

为了进一步仔细研究它,须考察所得单位产品所分摊的各种具体劳动和各种具体生产资料。这种支出称为单位支出。一切支出除以所得产品数量得出单位支出的各个元素。采用上述代表生产过程示意图引入的符号,单位支出可表示为下列形式:②

$$\left[\frac{L}{P},\frac{Q}{P}\right]。$$

在此式中,前者代表各种具体劳动的单位支出集合(矢量),后者代表各种具体生产资料的单位支出集合(矢量)。这些集合的元素或

① 卡尔·马克思:《资本论》第1卷,第53页及第350页。“劳动生产力的提高在这里一般是指劳动过程中的这样一种变化,这种变化能缩短生产某种商品的社会必要劳动时间,从而使较小量的劳动获得生产较大量使用价值的能力。”

② $\frac{L}{P}$和$\frac{Q}{P}$是矢量 L 和矢量 Q 与实数$\frac{1}{P}$的乘积。令 $L_1, L_2, \cdots\cdots L_m$ 和 $Q_1, Q_2, \cdots\cdots Q_n$ 为这些矢量的元素,则

$$\frac{L}{P}=\begin{vmatrix}\frac{L_1}{P}\\ \frac{L_2}{P}\\ \vdots\\ \frac{L_m}{P}\end{vmatrix} \quad 而 \quad \frac{Q}{P}=\begin{vmatrix}\frac{Q_1}{P}\\ \frac{Q_2}{P}\\ \vdots\\ \frac{Q_n}{P}\end{vmatrix}。$$

上式还可分别以各个元素的形式表示。

各项单位支出,通常称为生产的技术系数,①它决定于生产过程得以进行的技术条件。所以生产系数是在某些技术条件下制造单位产品需要的生产要素,即各种具体劳动和各种具体生产资料的支出。②

单位支出或生产系数是用自然单位计量的。一吨钢用多少吨矿石,每千瓦电需用多少吨煤,每米布需要多少机器小时或工时,等等。在某个时期的支出和产品的关系,通过省略分母的时间因次,剩下自然单位(例如矿石吨数、钢吨数)的关系。③

显然,只有在报酬是标量的情况下,支出用所得产品数量来除才是可能的。在联合生产的情况下,报酬是矢量,即多种产品的集合,它可以挑选某一种具体产品作为"参照产品",并计算其各种单位支出,或生产系数对参照产品的关系。于是除生产系数外,还增加了一种系数,表示与单位参照产品联合生产的各种产品数量。④

不研究生产要素单位支出或生产系数,也可研究其倒数。单位支出的倒数称为该生产要素的生产率,也称劳动生产率和生产资料生产率。劳动生产率是用于生产过程的各种具体活劳动的生

---

① 见兰格:《经济计量学引论》第213—214页,华沙,1961年版。又见他的《再生产和积累理论》第72—73页。生产系数在以系统方式引入里昂·瓦尔拉的《纯粹政治经济学基础》第四章(巴黎,1874年版)中时被称为"制造系数"。

② 在经济计划实践中,生产系数称为技术定额。

③ 用 NfT^{-1} 代表生产要素支出的因次,用 NpT^{-1} 代表产品(或报酬)的因次,则单位支出的因次是:

$$\frac{NfT^{-1}}{NpT^{-1}}=\frac{Nf}{Np}。$$

④ 令 $P_1, P_2, \cdots\cdots P_k$ 为表示联合生产过程的报酬矢量 P 的元素,又令 P_1 为表示参照产品的元素。这样得到系数

$$\frac{P_2}{P_1}, \frac{P_3}{P_1}, \cdots\cdots \frac{P_k}{P_1}。$$

进一步的细节,可参见兰格的《最优决策——规划原理》,华沙,1964年版。

产率集合(矢量),生产资料生产率是各种具体生产资料的生产率集合(矢量)。每种具体劳动和每种具体生产资料都有其相应的生产率。[①] 它们的生产率决定于所用的生产技术,从而得出劳动(即活劳动)和生产资料支出的生产率之间的联系。一般地,愈高的生产率需要愈多的生产资料支出与劳动结合。劳动生产率的提高表现为加工更多数量的原料以及更多的活劳动物化在劳动资料中。马克思说过:"……社会劳动生产率的水平就表现为一个工人在一定时间内,以同样的劳动力强度使之转化为产品的生产资料的相对量。工人用来进行劳动的生产资料的量,随着工人的劳动生产率的增长而增长,……劳动生产率的增长,表现为劳动的量相对于它所推动的生产资料的量的减少,或者说,表现为劳动过程的主观要素的量相对于它的客观要素的量的减少。"[②]

一定的生产技术需要一定的单位支出,或生产系数的集合(矢量),或各种生产要素的生产率的一定的集合。某种产品通常可以借助于不同的生产技术,或说成是借助于不同的技术过程来制造。这些过程的每一个都可用它的单位支出矢量(生产系数)来表示。

---

① 卡尔·马克思:《资本论》第1卷,第53页及第664页,人民出版社,1975年版。他用"生产资料的效率"(Wirkungsfähigkeit,Wirksamkeit)一词表达生产资料的生产率。

② 同上书,第682—683页,马克思进一步说明:"这些生产资料起着双重作用。一些生产资料的增长是劳动生产率增长的结果,另一些生产资料的增长是劳动生产率增长的条件。例如,由于有了工场手工业分工和采用了机器,同一时间内加工的原料增多了,因而进入劳动过程的原料和辅助材料的量增大了。这是劳动生产率增长的结果。而使用机器、役畜、矿物质肥料、排水管道等的量则是劳动生产率增长的条件。以建筑物、炼铁炉、运输工具等形式积聚起来的生产资料的量,也是这样。但是,不管是条件还是结果,只要生产资料的量相对于并入生产资料的劳动力是增长的,就表示劳动生产率增长了。"

如果某种产品可以借助于 r 种不同的技术过程来制造，则这个情况可以用下式表示：①

$$\begin{vmatrix} \frac{L_1}{P} & \frac{L_2}{P} & \cdots\cdots & \frac{L_r}{P} \\ \frac{Q_1}{P} & \frac{Q_2}{P} & \cdots\cdots & \frac{L_r}{P} \end{vmatrix}。$$

此式中每一列表示某一技术过程的单位支出集合（矢量），每一行表示不同技术过程要求的某种生产要素的单位支出。这种式子称为生产技术矩阵。②

① 此式可以写成展开形式，所示元素是单位劳动和生产资料支出，即

$$\begin{vmatrix} \frac{L_{11}}{P} & \frac{L_{12}}{P} \cdots\cdots \frac{L_{1r}}{P} \\ \frac{L_{21}}{P} & \frac{L_{22}}{P} \cdots\cdots \frac{L_{2r}}{P} \\ \cdots\cdots & \\ \frac{L_{m1}}{P} & \frac{L_{m2}}{P} \cdots\cdots \frac{L_{mr}}{P} \\ \frac{Q_{11}}{P} & \frac{Q_{12}}{P} \cdots\cdots \frac{Q_{1r}}{P} \\ \frac{Q_{21}}{P} & \frac{Q_{22}}{P} \cdots\cdots \frac{Q_{2r}}{P} \\ \cdots\cdots & \\ \frac{Q_{n1}}{P} & \frac{Q_{n2}}{P} \cdots\cdots \frac{Q_{nr}}{P} \end{vmatrix}。$$

其第一个脚标表示一定的生产要素支出，第二个脚标表示技术过程。例如，L_{ij}表示第 j 个技术过程中第 i 种劳动的支出。

② 矩阵是数字组成的矩形算式，可做一定的计算，或代数运算，如加法、乘法以及乘以实数（标量）。从内容可以看出，矩阵也可看成是矢量的集合。以矩阵形式代表某种产品的各种生产技术是 T.C.库普曼斯在“生产作为活动的有效组合的分析”这篇论文中采用的。该论文载入他主编的文集《生产和分配的活动分析》，纽约，1951 年版。最容易理解的是库普曼斯所写的小册子《关于经济科学状态的三篇论文》第 68—79 页，纽约，1957 年版。作者将各个技术过程称为活动；而借助于研究表现为生产技术矩阵各列的各个技术过程来分析生产过程，称为活动分析。这个名词现在已被普遍接受。兰格的《最佳决策——规划论》，华沙，1964 年版，以及 R.G.D.阿伦的《数理经济学》第 337—341、第 568—571 和第 621—625 页，都讲述了活动分析的基础。

技术过程也可按生产时期的长度来区分。这种区分可以看出单位支出的不同。如果在两个技术过程中使用的生产要素数量以及产出产品数量相同,但一个过程比另一过程时间长,则生产时期较长的过程中,单位时间产出的产品数量或报酬较小,于是单位支出相应地比较大。这种区分在生产技术矩阵中得到表现。此外,在不同的技术过程中,生产要素的支出可在时间上做不同的分解。在此情况下,不同时期的支出可以作为不同生产要素的支出来处理。这样支出在时间上的不同分解就可以表现在生产技术矩阵中。

生产技术矩阵表现用以制造某种产品的各个技术过程的差别性。如果某种产品借助于技术过程之一来制造,表现为生产技术矩阵中一定的单位支出列,则我们说产品是借助于纯技术过程制造的。然而这种产品可用这样的方式来制造:一定数量的产品借助于一种技术过程来制造,另一些数量借助于另一种技术过程,还有另一些数量最终借助于第三种技术过程等。于是我们说,产品是借助于混合技术过程制造的。混合技术过程依靠不同的纯技术过程制造不同数量的同一产品。在使用混合技术过程时,各个生产要素的单位支出(生产系数)是组成混合过程的各个技术过程中单位支出的加权平均数。这种平均的权数是借助于技术过程制造的产品数量。

设 a_{i1} 为第一个技术过程中一定的(依照规定的编号为第 i 个)生产要素的单位支出,而 a_{i2} 是第二个技术过程中这种要素的单位支出。于是在第一个技术过程中支出总额等于 $a_{i1}x_1$,而在第二个技术过程中支出总额为 $a_{i2}x_2$。生产要素的联合支出等于 $a_{i1}x_1$ +

$a_{i2}x_2$。在两个技术过程中制造的产品数量共计 x_1+x_2。所以混合技术过程中生产要素的单位支出等于

$$\frac{a_{i1}x_1+a_{i2}x_2}{x_1+x_2}。\tag{1}$$

它是两个过程中单位支出的加权平均数。对一切生产要素(即一切可能的脚标 i)都可这样做，这个道理可以推广到任意数目的技术过程。生产技术矩阵可以用这种方式表示一切混合技术过程的单位支出。生产规模，即制造产品的数量一般可以变化(在过程性质所决定的某个范围内)。值得特别注意的是，在这样的过程中，生产规模的变化不引起生产要素单位支出或生产系数的变化。在这类过程中支出与生产规模成正比，单位支出是常量，它不决定于生产过程。这种过程称为可分过程。[①] 因为它可以有意识地分解为一些生产规模较小的过程，其中每个过程保持同样的支出与报酬之间以及各项支出之间的比例。如系联合生产，也保持各种产品数量之间的关系。纯技术过程的可分性说明它总是可以用生产规模较小的纯过程组成的混合过程来代替，其中每个混合过程也是可分的，因为它的生产系数不决定于生产规模。因此，它导致表现在公式(1)中的单位支出加权平均数只决定于 x_2 与 x_1 的比率 $\frac{x_2}{x_1}$。它不决定于生产的绝对规模。联合各混合可分技术过程也是可分过程。所以可分技术过程可以任意混合，结果总是得到可分过程。

---

① 可分技术过程也称为线性技术过程，因为支出和报酬之间的数量关系属于正比例性质，或是线性函数性质。

第三节

在可用于制造某种产品的不同技术过程(纯过程或混合过程)的单位支出之间存在着一定关系。从根本上说,如果在一个技术过程中,一切生产要素的单位支出都大于任何一个其他过程,这种技术过程称为不可行技术过程。不可行技术过程不能用于生产过程,因为它需要一切生产要素的支出都较大——比其他已知技术过程——或至少有一种要素支出较大,而其他要素的支出并不少。由此,不可行技术过程可从生产技术矩阵中剔除,取消相应的列。如果两个(或更多)技术过程需要投入同样的各种生产要素的单位支出,可以说他们是等价的。等价的技术过程可以作为一种过程对待。在生产技术矩阵中表示等价的技术过程可在矩阵中保留其一,其余作为多余,予以剔除,省略相应的列。

从生产技术矩阵剔除不可行技术过程和多余的等价过程,可得到有效的生产技术矩阵。因此,有效的生产技术矩阵是选择的结果,它会导致剔除不可行的过程和多余的等价过程。经过选择后留下的技术过程称为有效的技术过程。在生产过程中只选择有效的技术过程。

有效的技术过程具有以下特点。在任何两个过程中,其中一个过程至少有一种生产要素的单位支出必须大于第二个过程,并至少有一种生产要素的单位支出必须小于第二个过程。因为,如果一切生产要素的单位支出在两个过程之间是相等的,则两个过程是等价的。并且,如果一种生产要素的单位支出在一个过程中大于或小于另一个过程,而其他要素的单位支出在两个过程中是相等的,则其中一个过程是不可行的。因此,一种生产要素单位支出较大必须相应地至少有一种其他生产要素单位支出较小(反之亦然)。有效过程的这种性质称为支出替代规律。用以制造一定数量的某种产品的技术过程的变化,总是出现在至少有一种生产要素单位支出增大,而同时至少有另一种生产要素单位支出缩小之时,也就是说出现了支出的替代。

支出替代规律可以表述为:伴随着技术过程的变化,至少有两种生产要素发生变化。其他未变的要素的单位支出比例可能变化或保持不变。所以替代至少包括两种生产要素,可能——但不是必然——包括其大多数。在实践中,人的支出和物质生产要素支出之间的替代有特别重要的作用。对这个问题以后还有机会探讨。

在联合生产方面,在一定条件下,还会出现报酬即各种产品数量的替代规律。它发生在这样的情况下:在两种不同的技术过程中,生产要素的单位支出是相等的,两种过程的不同必然表现在用一定生产要素支出制造的各种产品数量方面(否则是等价的)。如果用同样的生产要素支出,一种过程制造某种产品比另一过程多(少),则至少有一种这个过程制造的其他产品数量较少(多),否则,这个过程将是不可行的。和生产要素支出类似,报酬的替代也至少涉及两种产品的数量,可能——但不是必然——涉及更多。

在有效技术过程是可分过程的情况下,除支出替代规律外,还有支出替代率渐增规律;而在一定条件下的联合生产,则有报酬替代率渐降规律。

设有三个有效技术过程。用 a_{i1}、a_{i2} 和 a_{i3} 表示第 i 种生产要素在这三个过程中的单位支出(生产系数);第 j 种生产要素的单位支出相应地用 a_{j1}、a_{j2}、a_{j3} 来代表。假设这两种生产要素的支出可以相互替代。第一个技术过程用第二个技术过程代替,增加第 i 种要素的单位支出 $a_{i2}-a_{i1}$,并减少第 j 种生产要素的单位支出 $a_{j2}-a_{j1}$。[①] 单位支出的这种变化关系的绝对值

或
$$\left|\frac{a_{i2}-a_{i1}}{a_{j2}-a_{j1}}\right|$$

表示第 j 种生产要素的单位支出每减少一个单位时第 i 种生产要素单位支出的增加量。这个式子称替代率。第二个技术过程用第三个技术过程替代,第 i 个要素的单位支出继续增大,而第 j 个要素的单位支出继续减少,得出类似的替代率

$$\left|\frac{a_{i3}-a_{i2}}{a_{j3}-a_{j2}}\right|。$$

如果开始时过程是可分的,必然满足不等式

$$\left|\frac{a_{i2}-a_{i1}}{a_{j2}-a_{j1}}\right|<\left|\frac{a_{i3}-a_{i2}}{a_{j3}-a_{j2}}\right|, \tag{2}$$

或者说,通过技术过程相继变化带来的支出替代,替代率是上升的,其论据如下:

前面说过,可分的技术过程可以任意混合。因此由第一个和第三个过程混合而成的任何过程会得出与第二个过程同样数量的产品(生产规模)。用 $\bar{a}_{i2}$ 和 $\bar{a}_{j2}$ 代表那个混合过程中第 i 个和第 j

① 由于生产要素的编号是任意的,可以认为单位支出增大的要素是第 i 种要素,而单位支出减少的要素是第 j 种要素。

个生产要素的单位支出，按公式(1)，可得

$$\bar{a}_{i2}=\frac{a_{i1}x_1+a_{i3}x_3}{x_1+x_3} \text{和} \ \bar{a}_{j2}=\frac{a_{j1}x_1+a_{j3}x_3}{x_1+x_3},$$

其中 x_1 和 x_3 代表组成混合过程的第一个和第三个过程的生产规模。所以有

$$\frac{\bar{a}_{i2}-a_{i1}}{\bar{a}_{j2}-a_{j1}}=\frac{a_{i1}x_1+a_{i3}x_3-a_{i1}(x_1+x_3)}{a_{j1}x_1+a_{j3}x_3-a_{j1}(x_1+x_3)}=\frac{a_{i3}-a_{i1}}{a_{j3}-a_{j1}}$$

和

$$\frac{a_{i3}-\bar{a}_{i2}}{a_{j3}-\bar{a}_{j2}}=\frac{a_{i3}(x_1+x_2)-a_{i1}x_1-a_{i3}x_3}{a_{j3}(x_1+x_2)-a_{j1}x_1-a_{j3}x_3}=\frac{a_{i3}-a_{i1}}{a_{j3}-a_{j1}},$$

因此得到　$\dfrac{\bar{a}_{i2}-a_{i1}}{\bar{a}_{j2}-a_{j1}}=\dfrac{a_{i3}-\bar{a}_{i2}}{a_{j3}-\bar{a}_{j2}}$，

或者两个替代率是相等的。

如果第二个技术过程是有效的，必有 $a_{i2}<\bar{a}_{i2}$ 和 $a_{j2}\leqslant\bar{a}_{j2}$，或 $a_{i2}\leqslant\bar{a}_{i2}$ 和 $a_{j2}<\bar{a}_{j2}$，也就是一种生产要素在第二个过程中的单位支出必须小于在混合过程中的单位支出，而第二种要素的单位支出不能太大，否则第二个过程将与混合过程等价或成为不可行过程。用 a_{i2} 和 a_{j2} 代替上式中的 $\bar{a}_{i2}$ 和 $\bar{a}_{j2}$，并考虑那个不等式后，在左边分子减小或分母增大，或两者同时发生，而在右边则是分子增大或分母缩小，或两者同时发生。结果得到

$$\left|\frac{a_{i2}-a_{i1}}{a_{j2}-a_{j1}}\right|<\left|\frac{a_{i3}-a_{i2}}{a_{j3}-a_{j2}}\right|。$$

由于相继转变为其他技术过程，支出替代率表现为增长。这是支出替代率渐增规律。[①] 这个规律表示替代的难度渐增：代替

① 其图形解释见本章附录第6节。

某生产要素的每个相继的单位需要另一要素支出的更大增加。它也可以表示为一种生产要素连续用另一要素代替,另一要素的相对生产率降低。

可以用相似的方式表示,在报酬替代规律起作用的条件下的联合生产中,有效的和可分的技术过程在产品关系上满足替代率渐减规律。① 产品的替代愈来愈难,一种产品虽连续减少而另一种产品的增加愈来愈少。应当说明,支出替代率渐增规律和在一定联合生产条件下表现的报酬替代率渐减规律只适用于作为替代对象的那些生产要素或产品。这些规律说明替代受到进一步的限制,即使在可以替代的场合,它的条件也愈来愈困难。

可分有效技术过程发生替代困难渐增的结果是补充支出渐增规律。这个规律表现在生产规模(产品数量)扩大时,连续地从一个技术过程过渡到另一个技术过程,其中一切生产要素,除一个外,保持不变。在此条件下,扩大生产规模要求能变动的要素的支出增加,否则技术过程就不是有效的(可以扩大生产而不增加任何一个要素的支出,或者产出同样数量的产品而至少有一种要素的单位支出减少)。这是支出替代规律或联合生产时报酬替代规律应用于支出与产品之间关系的结果。② 如果有效技术过程是可分的,则连续增加一个单位的产品需要愈来愈多的某种要素的补充支出。

① 其证明见本章附录第6节。

② 如果将报酬视为负的支出就更直接明白了。那时与产品数量增加相联系的支出增加,可以解释为支出增加与另一种支出减少相联系,或解释为支出的替代。如果支出被当作负的报酬来对待,则可用相似方式解释为报酬的替代。

假设第 i 种要素的支出是可变的。用 a_{i1}、a_{i2}、a_{i3} 代表它在三个过程中的单位支出，并以 x_1、x_2、x_3 代表这些过程的生产规模。又令 $x_1 < x_2 < x_3$。这种要素在各个过程中的支出为 $a_{i1}x_1$、$a_{i2}x_2$、$a_{i3}x_3$。从第一个过程过渡到第二个过程，支出增加 $a_{i2}x_2 - a_{i1}x_1$，而从第二个过程过渡到第三个过程，支出增加 $a_{i3}x_3 - a_{i2}x_2$。每增加一单位产品，支出增加或补充支出为：

$$\frac{a_{i2}x_2 - a_{i1}x_1}{x_2 - x_1} 和 \frac{a_{i3}x_3 - a_{i2}x_2}{x_3 - x_2}。$$

现在来考察混合过程。在这个过程中，产出的产品数量为 x_2。在 x_2 中，产品数量

$$\frac{x_1(x_3 - x_2)}{x_3 - x_1}$$

借助于第一个过程制造，而产品数量

$$\frac{x_3(x_2 - x_1)}{x_3 - x_1},$$

是在第三个过程制造的。在混合过程中共计制造产品数量为

$$\frac{x_1(x_3 - x_2)}{x_3 - x_1} + \frac{x_3(x_2 - x_1)}{x_3 - x_1} = x_2。$$

在此混合过程中一个要素的支出等于

$$\bar{a}_{i2}x_2 = \frac{a_{i1}x_1(x_3 - x_2) + a_{i3}x_3(x_2 - x_1)}{x_3 - x_1},$$

其中 $\bar{a}_{i2}$ 代表单位支出。于是

$$\frac{\bar{a}_{i2}x_2 - a_{i1}x_1}{x_2 - x_1} = \frac{a_{i3}x_3 - \bar{a}_{i2}x_2}{x_3 - x_2}。$$

因为根据假设第二个过程是有效的，故 $a_{i2} < \bar{a}_{i2}$。代入上述等式后得到：

$$\frac{a_{i2}x_2 - a_{i1}x_1}{x_2 - x_1} < \frac{a_{i3}x_3 - a_{i2}x_2}{x_3 - x_2}。 \quad (3)$$

结果是连续地从第一个过程过渡到第二个过程和从第二个过程过渡到第三个过程等等,用于增加一个单位产品的生产要素的初始支出增加了,这是补充支出渐增规律。我们不谈增加一单位产品的补充支出,而是考虑它的倒数。它的倒数代表每增加一单位补充支出所增加的产品数量,或是补充支出的生产率。渐增的补充支出换来它的生产率渐减。补充支出渐增规律因此可以称为补充支出生产率渐减规律。两种形式是等价的。

支出替代规律(或在某些联合生产的情况下,作用于可分技术过程的报酬替代律)以及支出替代率渐增(或者最终为渐减)规律和补充支出渐增规律,与技术过程的选择有关。在有效技术过程的选择方面,支出替代规律起作用;而在某些条件下,报酬替代规律也起作用。如果技术过程是可分的,在这种选择方面,渐增支出替代率规律起作用;而在某些条件下,渐减报酬替代率规律以及渐增补充支出规律也起作用。这些规律证实了从一定的合理行为规则产生的合理行为学的规律性,那个规则是排除无效技术过程和多余等价过程的规则。这些规律不是普遍的生产技术规律——有时它们被错当成普遍规律。认为它们是普遍的生产技术规律,并认为它们会出现在每个生产过程以及社会生产力的历史发展过程中,是一种超出了经验可以证明的因素的范畴和近乎形而上学式的推测的总结。①

① 在支出替代率渐增(和报酬替代率最终渐减)规律中和在补充支出渐增规律中发现的普遍的生产技术规律的观点,与所谓报酬渐减规律或生产要素生产率渐减规律有关。这个规律认为如果补充生产要素单位连续用于生产过程,而其他要素的支出不

适应一定的生产力历史发展水平和一定生产部门的技术过程

变，则在超过一定的初始支出以后，会出现生产率渐减。支出替代率渐增规律被认为是这个规律的后果。由于要素被相继替代（由于相继被抽走，每个被替代的单位要素具有越来越大的生产率），为了补偿它们相继需要越来越多数量的替代它们的要素。而且替代它们的单位要素出现生产率渐减，从而要求这种要素支出连续增加。同样，在联合生产的情况下，生产要素生产率渐减导致因减少一种产品数量而撤出连续单位的要素，带来另一种产品的增加越来越少。然而生产要素生产率渐减规律不是替代律渐增规律的必要条件，更不总是它的充分条件。必要条件只是替代要素连续单位的生产率增长比被替代要素连续撤出单位的生产率增长慢。这是比两种生产要素更广泛的满足生产率渐减规律要求的条件。无论如何，满足生产要素生产率渐减规律对于实现要素替代率渐增来说不总是充分的。其结果可能由于补充一单位要素的生产率与第二种要素的支出互相依赖而受到破坏，也就是可能发生这样的情况，由于被替代要素支出减少的结果，连续单位替代要素的生产率提高了。而如果由于被替代要素支出减少，连续单位替代要素生产率下降很快，则替代率可能增加，即使连续单位的各种生产要素的生产率并不下降。因此，支出替代率渐增规律（报酬替代率渐减规律）与所谓报酬渐减规律并不是互相重合的。其证明参见本章附录第7节。证明替代率渐增（或渐减）规律与所谓报酬渐减规律不重合是很重要的，因为这个被认为是普遍的规律是不能用经验方法证明的。这个规律最初用于农业中土地面积不变情况下的劳动和生产资料支出。首先提出的是A.R.J.屠阁，见《对G.德·圣皮拉维的一个备忘录的意见》，巴黎，1768年版。以后E.威斯特又独立撰写了《论资本用于土地》，伦敦，1815年版。李嘉图把这个理论引入自己的地租理论，使这个规律得到了广泛传播。著名的化学家约斯图·李比希在19世纪中叶努力使土地上支出的生产率渐减规律具有自然规律的性质。E.A.米谢里奇于1909年把它应用于土地施肥支出生产率经验的研究。马克思和李嘉图不同，他不把地租和所谓土地报酬渐减规律联系在一起。见《资本论》第3卷，第四十至四十四章。列宁批判李嘉图的观点是与历史经验矛盾的抽象思考，没有考虑在一定土地面积上增加的劳动和生产资料支出通常是与技术进步联系在一起这样的事实。见《列宁全集》第5卷，第83—199页，人民出版社，1959年版。政治经济学中主观学派美国分支的创始人J.B.克拉克把报酬渐减规律扩大到一切生产要素。见《财富的分配》，纽约，1899年版。他还以此为基础建立了生产要素边际生产率理论，给予它以同样的生产技术普遍规律的性质。这种形式的生产要素生产率渐减规律被古典学派及其近支所普遍接受。最为清楚地表达它的是P.H.威克斯第的《政治经济学常识》第1卷，伦敦，1902年第2版。对生产率渐减规律做出现代的解释的还有：K.维克赛尔的《政治经济学讲义》（从瑞典文译出）第1卷，伦敦，1934年版；E.施奈德的《生产理论》，维也纳，1934年版；S.卡尔森的《生产纯理论研究》，伦敦，1939年版。然而，新

是多种多样的:要素支出和产品在一种过程中可以替代,在另一种过程中不可以替代,或者在一个领域内可以替代,而在另一个领域内不可以替代。因此,如果替代是可能的,就可能以不同方式替代——在替代率渐增、渐减或不变的条件下,技术过程之间的差别是巨大的。然而不是一切技术过程都能用于生产,要加以选择,排除不可行过程和多余的等价过程。

如果存在不止一种技术过程可以制造某种产品,则筛选时只留下单位支出的增大要由任何另外一种支出的减少来补偿(或报酬的减少要由另外一种报酬的增大来补偿)的技术过程,或者只留下能满足替代规律的过程。如系可以任意变化生产规模的可分过程,单位支出不变化,替代的难度就在于选择的标准。在可供选择的过程中,首先挑选替代最容易的过程,然后是替代较难的过程,

古典学派的创始人阿尔弗雷德·马歇尔在将生产要素生产率渐减的普遍规律应用于自己的理论分析时有很大保留。他认为生产要素的替代不是普遍现象,它只表现在有限范围内。报酬渐减规律的作用主要限制在农业和原料生产领域。见A.马歇尔的《经济学原理》第318页及以后各页,伦敦,1958年,第8版。生产要素生产率渐减规律在所谓洛桑学派的理论中同样没有更大的意义。L.瓦尔拉把他的理论建立在不变的生产系数的基础上,认为在制造每一种产品时只存在一种技术过程而没有生产要素替代的可能性。见他的《纯粹政治经济学》第四章。后来在1900年该书第4版中,瓦尔拉在结束他的分析时承认了生产要素替代的一般可能性,与边际生产率理论进行了调和(第七章)。帕累托把生产要素的替代作为特殊情况看待,即没有普遍意义,见他的《政治经济学教程》,巴黎,1907年版。关于这个问题的历史,见J.熊彼特的《经济分析史》第1026—1053页,伦敦,1954年版。著名数学家K.门格尔的《报酬规律,宏观经济学研究》(收入摩根斯坦主编的文集《经济活动分析》,纽约,1954年版)和S.克鲁辛斯基的著作《报酬和成本的形成问题》(波兹南,1962年版)如同我们在正文中说过的介入了形而上学,所有这些对生产过程中发生的数量关系来说都是无意义的。在连续变化的技术过程中,生产要素和产品的替代及其困难的渐增,不是生产技术的性质的结果,而通常是选择技术过程的结果。这是人类合理行为学问题,不是工艺学问题。

最后是替代最难的过程，等等。连续从一种过程过渡到另一种过程时，替代率渐增（而报酬取代率渐减）。通过增大一种要素的支出扩大生产规模，首先采用补充支出要素产量最大的过程，然后是产量较小的过程，最后是产量更小的过程，等等。因此，技术过程的选择使留下的过程即有效过程满足了上述替代规律、替代率规律和补充支出生产率规律。

观察用于生产过程的技术过程可能产生一种印象，它的特点与生产技术的性质有关，因为在生产过程中看不见不具备这些特点的各种技术过程。但是这个事实并非来自技术过程的“性质”，而是由于筛选时不可行过程和多余的等价过程受到限制。它是人类合理行为学的行为原理用于生产的结果。[①]

第四节

上述生产技术矩阵并不能反映生产的技术可能性全貌，因为它只表示各种技术过程的单位支出。各种技术过程不仅在生产要素的单位支出方面有所不同，每个技术过程中所需要的固定资本总量也不同。固定资本不仅以支出的形式而且是以在一定时期中使用的形式参与生产过程。我们知道使用是流量性质，用一定时期内的自然单位数量来计量，例如，在一月或一年中的机器小时数或车辆小时数。固定资本也以总量即存量参与生产过程，不决定

① 研究支出和报酬之间关系的人类合理行为学的性质，可参见前注提到的 S.克鲁辛斯基的最近著作及 Z.波希亚柯夫斯基对本书的评论，载《经济学人》第 437—452 页，1963 年第 2 期。

于它的使用程度。机器可以使用或多或少的天数,依靠它制造或多或少数量的产品。例如织布机依靠使用的天数织成或多或少数量的布;车辆可以使用不同的天数,相应地完成不同数量的运输(吨公里数);同一房屋可以使用不同的天数,如果在房屋内进行某种生产过程,则产品数量决定于使用房屋的天数。然而,没有整个机器,没有整个房屋,就不可能制造一单位的产品;没有整个车辆,就不可能把一吨货物运送一公里的路程(显然,这里不提代用生产资料的可能性)。援引马克思的话:"尽管机器的生命力日益减弱,但整个机器仍然不断地在劳动过程中起作用。由此可见,劳动过程的一个要素、一种生产资料是连续地全部进入劳动过程的。"①

固定资本以自己的自然形式和自己的用途而被用于不止一个生产期,并且一旦被用于生产过程,即作为整体不可分割的存量参与进去。机器、汽车或房屋可能每天只被使用几小时,但是没有它们是不行的。用于生产的固定资本存量常常称为生产的技术装备。为了完整表达生产条件,除生产要素单位支出外,同样要说明技术装备或固定资本存量。各种技术过程需要的技术装备是不同的。

每一种技术过程通常对应于一定的各种固定资本存量,如房屋、设备、装置、机器、运输资料等等,这些是该过程需要使用的,它们构成必要的技术装备。要借助一定技术过程生产钢,炉子必须有一定的容积、耐高温的性能以及炉壁厚度等,还需要一定数量和

① 卡尔·马克思:《资本论》第1卷,第203页,人民出版社,1975年版。马克思援引以下关于织袜机的话:"虽然一台机器可以织出许多双袜子,但是如果缺少机器的任何一部分,连一双袜子也制造不出来。"

适当容积的车辆以便运输原料，还需要一定大小的房屋，等等。这些要求的任何变化与技术过程的变化相对应。同样，在某种石油炼制技术过程中，需要适当数量和大小的装置、槽、管道、加热和冷却设备等等，以及适当大小的场地。这些装置的型号、数量和大小取决于所使用的技术过程。不同的制造硫酸或铝的方法需要不同的设备、机器和装置。不同的金属加工方法需要不同的机器（例如不同种类的机床）。这些机器的能力和精度也不同。因此，制造某种产品的不同技术过程需要不同的有严格规定的技术装备。技术装备或各种固定资本存量的大小不决定于其使用规模，也不决定于所制产品的数量。但对某种技术过程来说，它是一个固定数量。

为了获得生产的技术可能性的全貌，应将表示各种技术过程的技术装备引入生产技术矩阵。为此目的，需要在生产资料中区别固定资本和营运资本。为了区别，用 $Q^{(0)}$ 代表营运资本支出，用 $Q^{(1)}$ 代表固定资本支出，用 S 代表固定资本存量。于是，生产技术矩阵可写成：

$$\begin{vmatrix} \dfrac{L_1}{P} & \dfrac{L_2}{P} & \cdots\cdots & \dfrac{L_r}{P} \\ \dfrac{Q_1^{(0)}}{P} & \dfrac{Q_2^{(0)}}{P} & \cdots\cdots & \dfrac{Q_r^{(0)}}{P} \\ \dfrac{Q_1^{(1)}}{P} & \dfrac{Q_2^{(1)}}{P} & \cdots\cdots & \dfrac{Q_r^{(1)}}{P} \\ S_1 & S_2 & \cdots\cdots & S_r \end{vmatrix}。$$

矩阵中每一列代表某种技术过程需要的单位支出和技术装备

集合(矢量),技术装备(固定资本存量)在每一列下面;矩阵最后一行表示各种技术过程需要的技术装备。① 这个表称为完全生产技术矩阵。

把技术装备考虑进去,我们可以扩大不可行和等价技术过程概念。一种技术过程如果需要一种或更多生产要素的较大的单位支出,或技术装备中的一种或几种项目较大,②而又没有其他单位支出或其他技术装备项目是减小的,则这种技术过程是不可行的。如果用于技术过程的单位支出和技术装备项目是同样大小的,则此技术过程是等价的。排除不可行技术过程和多余的等价过程,便得到扩大意义的有效技术过程。与以上提出的论点相似的论证方法可以说明,(扩大意义的)有效技术过程符合替代规律。

因此,在各项单位支出之间,在技术装备的各个项目之间,或最后在技术装备项目和单位支出之间,可以发生替代。特别要提一下最后提到的那种替代。替代规律中至少必须包括两个数量的替代。因此,如果不发生支出的替代,也就不会发生技术装备项目的替代。必须在至少一种单位支出和至少一种技术装备项目之间

---

① 技术装备是集合,即矢量,它的元素是各种固定资本存量。对于一个给定的技术过程,例如,第 j 个技术过程,代表技术装备的矢量可写成以下形式:

$$S_j = \begin{vmatrix} S_{1j} \\ S_{2j} \\ \vdots \\ S_{ij} \end{vmatrix}。$$

在这里,脚标 j 是技术过程,或写成 j = 1,2,……r。

② 这些项目是技术装备矢量 S 的元素,是适用于这个技术过程的,因为它是具体的机器、房屋、装置等。

发生替代。这符合通常的经验——增加技术装备往往带来所谓经营支出或生产要素单位支出的减少。然而，这不是生产技术的"性质"造成的，而是消除了不可行技术过程和多余等价过程的结果。如果某个技术过程需要数量较多的一种或几种技术装备项目，但是不带来任何一个单位支出的减少，或不带来所谓经营支出的减少，则这个过程不能用于生产过程，因为它是不可行的。实践证实了这样的规律性，即较多的技术装备对应于较少的经营支出(反之亦然)。这不是什么神秘的生产技术的"自然"性质；它是人类合理行为学的规律，是对技术过程做一定选择的结果。

显然，马克思认为劳动单位支出的减少或劳动生产率的提高通常与生产过程技术装备的增加联系在一起。通过增加技术装备替代活劳动是提高人类劳动生产率的历史过程的主要杠杆。他常常把劳动生产率的提高与用单位生产资料，特别是流动资料的支出替代单位劳动支出相联系，因为，每单位劳动支出实现的生产增长需要增加转化为产品的劳动对象的数量。①

技术过程中所有的技术装备是最大支出，也就是固定资本的最大使用规模。固定资本的支出必须不断用于生产过程范围之内，但是固定资本的使用每天不可能超过 24 小时。如果有 10 台机器，每天使用不可能超过 240 小时；如果有 5 辆汽车，每天使用

① 马克思把劳动生产率的增长和用技术装备替代单位劳动支出联系在一起("使用的机器、役畜、矿物质肥料、排水管等的量是劳动生产率增长的条件。建筑物、炼铁炉、运输工具等等……也是这样")，同样也和用单位生产资料支出特别是营运资本支出替代单位劳动支出联系在一起("同一时间内加工的原料增多了")。与劳动生产率增长联系在一起的这两种替代应该加以区别。缺乏精确的区别会导致经济学文献中的很多混乱。

不可能超过120小时;等等。固定资本的使用常常不可能不中断,因为需要中断以便检查和控制、维护和修理。这种中断的时间(例如,在检查和维护时中断)是在技术条件中精确规定的,不进行这些工作将导致固定资本功用的损失。其他中断(例如,为修理而中断)具有随机性质,然而可以根据经验推断出中断的平均时间长度,以此确定在某个时期(日、月、年)中固定资本的最大使用时间。一定的固定资本存量不可能超过这个存量的最大使用规模或最大支出。

因此,每个技术过程对应于一定的最大产品数量(生产规模),这个数量可以用此过程(在一定时期内)生产出来。最充分使用该过程具备的技术装备会实现该技术过程的生产能力。每个技术过程都有自己的生产能力。如果生产规模小于技术过程的生产能力,则生产能力没有被充分利用。实际生产规模与技术过程生产能力的关系,称为生产能力利用率。这个关系常用百分率表示,如生产能力利用了70%、90%等等。最大利用率当然是100%。生产能力未充分利用可能由于固定资本存量在其全部使用时间内未得到充分使用,或者由于并非全部存量(也就是并非一切固定资本)都得到充分使用。发生第一种情况是由于房屋和机器在一天中只有部分时间利用起来,譬如说八小时,因为生产厂只工作一个班次。发生第二种情况是因为部分机器(以及房屋)不运转,例如,由于缺乏原料,或者动力机只在部分负荷下工作。① 两种情况下

① 由此可以认为生产能力具有外延的和集约的利用率。第一个利用率涉及技术装备的使用时间,第二个利用率涉及存量中多大部分被使用。见A.I.戈苏洛夫:《经济统计学》第130—131页,莫斯科,1953年版。

固定资本存量(或技术装备)均未按最大规模加以使用。[①]

可能会发生这样的情况：各种固定资本的存量和最大使用时间内每个项目允许制造同样数量的产品，这时可以说技术装备属于调和结构。然而技术装备的各个项目常常允许制造不同数量的产品，这时我们说技术装备是不调和结构。如系不调和结构的技术装备，那么技术过程的生产能力中那个起决定作用的、与其他项目比较只出产数量最少的产品的技术装备称为限制性项目。技术装备的其余项目，因而不能按最大可能规模加以使用，它们的一部分没有被利用。

技术装备的结构是调和的还是不调和的，决定于某种生产技术，这种结构是一定技术过程的特点。因此，即使在生产能力被充分利用的时候，各种技术过程可能与技术装备的某些项目部分未被使用联系在一起。然而通过把各种技术过程联系起来，技术装备的不调和结构可以转变为调和结构。假设有两个技术过程使用同样的固定技术资本。第一个技术过程有三个技术装备项目，允许相应制造(在某个时期内)100 个、120 个、150 个单位产品，即第一个项目是限制性成分，其余两个项目不可能充分利用。在第二

① 除使用的最大规模外可能也存在固定资本使用的最小规模。但是由于技术特点，它的规模不可能小于一定的下限。例如 100 千瓦能力的动力机，假如它的负荷只有 10 千瓦，就不可能工作。锻工鼓风炉不可能在任意短时间内运转，而必须在其炉龄的期限内持续使用；除此以外，炉子还必须有一定的容积，每天不允许投入少于一定数量的原料。因此，有些人说技术过程的"最小生产力"与上面讨论的"最大能力"有区别。见 E. 戈登堡的《经济管理理论基础》第 1 卷，第 56—57 页，柏林，1957 年版。然而，所谓最小生产力大部分没有精确定义。仍引用戈登堡的话："最小能力的概念不像最大能力的概念那样有精确的技术定义。"(同书第 58 页)所以，"生产能力"一词指的是最大的生产规模。在某个最低使用限度内才称这个能力的最小利用。

个过程中,假设同样的装备项目分别允许制造200个、180个、150个单位的产品,即第三个技术装备是限制性成分,其余两个项目未能充分利用。两个过程联合起来产生混合过程。如果这个过程中要制造300个单位产品,技术装备的一切项目就会得到充分的利用,而这个混合过程的技术装备结构就是调和的。技术过程的这种联合称为技术装备的调和化。

所以,通过把技术过程联合起来使技术装备调和化在以下情况下是可能的,即各种技术过程使用同样的固定资料,在一个技术过程中是限制性项目的技术装备,一部分没有利用起来,这时如把技术过程联合起来会减少技术装备结构的不调和性。但是,也总不能达到完全的调和,因为在不同过程中没有充分利用的技术装备的各个项目,不总是能通过把这些技术过程联合起来就予以完全消除的。

然而,通过将生产规模扩大到技术装备的各个项目许可的产量的倍数,以得到充分的调和化,总是可能的。但这种生产规模的扩大,不是对技术装备的一切项目都乘以相同的倍数。例如,在上述第一个过程中,生产规模增到六倍,即增到600个单位产出,那么技术装备的第一个项目,必须乘以六,第二个项目乘五,第三个项目乘四,从而使每个项目都达到600个单位的产出,使技术装备的结构得到调和。

同样,在上述例子的第二个过程中,有可能按1,800个单位的产出获得技术装备结构的调和化。在此情况下,必须将技术装备第一项乘以九,第二项乘以十,第三项乘以十二。任何产量只要是技术装备的各个项目可能实现的产出的倍数,就能导致技术装备结构的调和化。为此目的，找出各个项目的最小公倍数就够了。最小公倍数确定了带来技术装备结构调和化的最小产出（因而是多元过程的最小生产力）。事实上，我们适当联合各技术过程能减少不调和，而倍乘技术过程能实现技术装备的充分调和。为了按最小可能的产出实现完全调和的目的，两种方法可以联合起来。①

技术装备结构的调和化总伴随有生产能力的扩大。在通过合并生产过程实现调和化时，新的混合过程的生产能力等于合并的技术装备各个项目允许得到的最小产出。但是在技术过程扩大到几倍时，增加几倍的生产能力是技术装备的各个项目可能达到的产出的倍数，因此它大于原来过程的制约成分可能达到的产出。有时，合并生产不同产品的技术过程能实现技术装备结构的调和化，如果这些过程利用（全部或部分）同样的（在技术意义上）固定资本，往往导致联合生产两种以上的产品。联合生产常常是为了调和技术装备结构而合并不同技术过程的结果。

无论是通过增加单一产品的产出（作为合并或倍增生产过程的结果）还是通过转为联合生产来使技术装备结构调和化，都需要增加技术装备。因此，它与增加技术装备以及增加生产企业的生产能力都有联系。② 或者如俗话所说，联系着企业规模的扩大。

① 见本章附录第 3 节。丹麦工程师、经济学家伊瓦・詹森在他的论文中指出了技术装备的调和问题，见《企业经济基本原理》，哥本哈根，1939 年版；E. 施奈德的《生产理论》附录；并见伊瓦・詹森的“生产和成本规律”，载《经济计量学杂志》（华盛顿会议报告）第 17 卷，1949 年补充本。就我们所知，詹森第一个陈述了通过扩大生产规模的倍数可以得到技术装备结构的调和化。他称这个定理为“调和规律”。

② 技术装备的调和化是作用于资本主义以及社会主义生产方式的生产集中规律的技术基础。它也与大家熟知的规模报酬或规模经济渐增现象相联系。

它可能要求较大数目的生产企业合并为一个新的“更大的”企业，它有更多的技术装备和更大的生产能力(或者如系转换为联合生产或增加产品品种，则为内容更多的生产能力)。而且可能发生一个生产部门中技术装备结构的调和化须依靠另一生产部门生产的增长的情况。这种依靠可能由于一个部门的生产增长是利用技术装备结构调和化带来的新增生产能力这一条件，也可能由于它是另一个生产部门提供的原料或所生产的产品的一个接受者。①

对技术装备的考虑使投入替代率渐增规律(和产出替代率渐减规律及新增投入渐增规律)的作用范围受到显著限制。我们知道，这些规律是取消低效率生产过程的人类合理行为学规则应用于生产过程的结果。不遵守这些规律的生产过程如果是可分的，它们就是无效的，因为那时就有一个或更多的混合过程，用较小的至少一种生产要素的投入生产同样的产出量。然而，技术装备决定技术过程的生产能力。为了生产一定的产出量而把两个或更多的过程混合起来，可能使这些过程的生产能力利用不足，并且使技术装备结构不调和。在这些条件下，技术过程是不可分的，应用混合过程不在考虑之列，混合过程不“争取”应用于生产过程。因此，不符合上述关于替代率和新增投入的规律的生产过程不一定是无效的。

在此情况下，这些规律不起作用。它们可在特殊情况下，即组成混合过程的各个过程的技术装备规模和生产能力比较小的情况

① 这构成马歇尔所谓外部经济性的现象的基础。见他的《经济学原理》第226页。

下起作用。在这类情况下，生产过程近似可分，混合过程不会造成生产能力利用不足或技术装备结构的不调和。所以这些规律只在技术过程的技术装备规模和生产能力比较小的一些生产部门中起作用。随着技术装备规模和生产能力的增大，生产企业的规模也增大，这些规律就不再发生作用。①

所以，投入替代率渐增（和产出替代率渐减）规律和新增投入渐增规律并不是技术过程选择中的普遍规律。它们只在技术装备和生产能力不起主要作用的可分过程中才成立。

第五节

上面讨论的技术过程的选择只限于有效过程的选择。在某些特殊情况下，技术装备不起任何主要作用，它要选择满足渐增（或渐减）替代率和渐增补充支出规律的过程。在选择后一般留下不止一种技术过程可以生产一定的商品（或一定的商品集合）。也有可能使用混合过程，但由于生产能力和技术装备结构的调和，这个方法可能受到限制。只根据实物单位的计算不可能达到技术过程

① 这些规律作为人类合理行为学的规律，主要在农业生产中和技术装备规模比较小的某些原料生产中起作用，而在以大型技术装备为特点的工业生产中不起作用。这符合 A. 马歇尔的《经济学原理》第 318—319 页及第 137—154 页所做的经验观察。但是技术进步的结果使农业和采矿业的技术装备的数量增加了，这些规律在这些领域中也不再起作用。这一点证明了列宁的资本主义条件下关于农业发展中土地报酬递减规律的经验结论，见《列宁全集》第 5 卷，第 83—199 页，人民出版社，1959 年版。L. 克西威斯基：《农业问题》第 188—190 页，1903 年版，在这一点上明确强调了技术装备在农业中的重要作用。

的进一步选择,因为没有判断标准。

在自然经济的实际经验中应用特定的技术过程生产各种商品是由社会劳动过程中的集体经验决定的。在漫长而自发的试错过程中,会形成技术过程的某种"自然选择",从而得到一种经验。这种选择的结果通常固定为风俗习惯,并靠传统来传播。选择过程没有唯一的判断标准,它在传统习惯行为的互相影响和社会生产力,即技术生产方法、生产资料和人们使用它们的技巧(以及具有这种技巧的人数)慢慢发生变化的条件下,自发地进行。所以我们在进一步考察时,要假设每种商品的生产以一种特定的技术过程进行,它是从上述选择过程产生的,并且被习惯和传统所承认。只有货币—商品经济的讨论才会以价值—货币会计和合理管理原则的形式为我们提供选择技术过程的唯一标准。

第二章附录 数学笔记

1. 生产技术矩阵

让我们以与上面正文中相似的方式,用

$$L_j = \begin{vmatrix} L_{1j} \\ L_{2j} \\ \vdots \\ L_{hj} \end{vmatrix}, \quad Q_j^{(0)} = \begin{vmatrix} Q_{1j}^{(0)} \\ Q_{2j}^{(0)} \\ \vdots \\ Q_{kj}^{(0)} \end{vmatrix}, \quad Q_j^{(1)} = \begin{vmatrix} Q_{1j}^{(1)} \\ Q_{2j}^{(1)} \\ \vdots \\ Q_{lj}^{(1)} \end{vmatrix} \quad (j=1,2,\cdots\cdots r)$$

来表示第 j 个技术过程中劳动、营运资本和固定资本的投入矢量。

令劳动的不同种类数为 h,营运资本的不同种类数为 k,固定资本的不同种类数为 l，我们来考察 r 个不同可能的技术过程。用 p 表示得到的产品量。投入和产出以一定时期内的物质单位来计量（即它们是流量），我们假设投入是非负的（并且至少它们中有些是正的），而产出是正的。上述矢量形成投入矩阵：

$$\begin{vmatrix} L_1 & L_2 & \cdots\cdots & L_r \\ Q_1^{(0)} & Q_2^{(0)} & \cdots\cdots & Q_r^{(0)} \\ Q_1^{(1)} & Q_2^{(1)} & \cdots\cdots & Q_r^{(1)} \end{vmatrix}。$$

这个矩阵也可写成下列展开形式：

$$\begin{vmatrix} L_{11} & L_{12} & \cdots\cdots & L_{1r} \\ L_{21} & L_{22} & \cdots\cdots & L_{2r} \\ \cdots\cdots & & & \\ L_{h1} & L_{h2} & \cdots\cdots & L_{hr} \\ Q_{11}^{(0)} & Q_{12}^{(0)} & \cdots\cdots & Q_{1r}^{(0)} \\ Q_{21}^{(0)} & Q_{22}^{(0)} & \cdots\cdots & Q_{2r}^{(0)} \\ \cdots\cdots & & & \\ Q_{k1}^{(0)} & Q_{k2}^{(0)} & \cdots\cdots & Q_{kr}^{(0)} \\ Q_{11}^{(1)} & Q_{12}^{(1)} & \cdots\cdots & Q_{1r}^{(1)} \\ Q_{21}^{(1)} & Q_{22}^{(1)} & \cdots\cdots & Q_{2r}^{(1)} \\ Q_{11}^{(1)} & Q_{12}^{(1)} & \cdots\cdots & Q_{1r}^{(1)} \end{vmatrix}。$$

这个矩阵的各列表示当使用特定的技术过程时不同生产要素的投入，矩阵的各行表示一种特定的生产要素在不同技术过程中的投入。如令 $n=h+k+l$，我们发现这个矩阵有 n 行和 r 列。

为了简化，我们用 X_{ij} 代表展开式投入矩阵的元素，即 X_{ij} 是位于矩阵的第 i 行、第 j 列的元素（$i=1,2,\cdots\cdots n;j=1,2,\cdots\cdots r$），于

是这个矩阵可写成以下形式：

$$X=\begin{vmatrix} X_{11} & X_{12} & \cdots\cdots & X_{1r} \\ X_{21} & X_{22} & \cdots\cdots & X_{2r} \\ \cdots\cdots & & & \\ X_{n1} & X_{n2} & \cdots\cdots & X_{nr} \end{vmatrix}。\qquad(1.1)$$

第 j 个技术过程中第 i 个生产要素的每单位投入为

$$a_{ij}=\frac{X_{ij}}{P}(i=1,2,\cdots\cdots n;j=1,2,\cdots\cdots r)。\qquad(1.2)$$

每单位投入也称生产系数。这些系数的量纲与时间无关，即它是两个流量的比例。

生产系数形成生产技术矩阵

$$A=\begin{vmatrix} a_{11} & a_{12} & \cdots\cdots & a_{1r} \\ a_{21} & a_{22} & \cdots\cdots & a_{2r} \\ \cdots\cdots & & & \\ a_{n1} & a_{n2} & \cdots\cdots & a_{nr} \end{vmatrix},\qquad(1.3)$$

这个矩阵的各列表示一个特定的技术过程中不同生产要素的单位投入，各行表示不同技术过程中一种特定的生产要素的单位投入。

第 j 个生产过程所需的不同固定资本的存量形成矢量 S_j，称为特定过程的技术装备矢量：

$$S_j=\begin{vmatrix} S_{1j} \\ S_{2j} \\ \vdots \\ S_{lj} \end{vmatrix}\quad(j=1,2,\cdots\cdots r)。$$

S_{1j}，S_{2j}，……S_{lj}是非负的，代表技术装备的各个成分。存量量纲与时间无关。技术装备的各个成分可以表现一个有 l 行和 r 列的矩阵 S。

将各个生产过程需要的技术装备引入生产技术矩阵，我们将得到完全生产技术矩阵，即

$$\begin{vmatrix} A \\ S \end{vmatrix} = \begin{vmatrix} a_{11} & a_{12} & \cdots\cdots & a_{1r} \\ a_{21} & a_{22} & \cdots\cdots & a_{2r} \\ \cdots\cdots & & & \\ a_{n1} & a_{n2} & \cdots\cdots & a_{nr} \\ S_{11} & S_{12} & \cdots\cdots & S_{1r} \\ S_{21} & S_{22} & \cdots\cdots & S_{2r} \\ \cdots\cdots & & & \\ S_{l1} & S_{l2} & \cdots\cdots & S_{lr} \end{vmatrix} \tag{1.4}$$

或

$$\begin{vmatrix} A \\ S \end{vmatrix} = \begin{vmatrix} a_1 & a_2 & \cdots\cdots & a_r \\ S_1 & S_2 & \cdots\cdots & S_r \end{vmatrix}, \tag{1.4a}$$

其中

$$a_j = \begin{vmatrix} a_{1j} \\ a_{2j} \\ \vdots \\ a_{nj} \end{vmatrix} \quad (j=1,2,\cdots\cdots r)。$$

在完全生产技术矩阵中，各列表示一个特定技术过程中的单位投入和技术装备，各行表示不同技术过程中一定生产要素的单位支出或一定种类的固定资本的存量。

2. 联合生产

把几种产品之一当作参照产品,可将联合生产引入生产技术矩阵。于是所有其他产品作为特殊的一类生产要素,其投入是负的。这些“生产要素”的每单位投入表示每单位参照产品产出得到的其他产品的产出。①

生产技术矩阵中计算联合生产的另一个方式是用正数表示产出和用负数表示投入(因此投入是负的产出)。这种方法可在生产技术矩阵中计算一切产出和一切投入。由于对数量符号采用的规则,这个矩阵取平衡表的形式,其中产出是正的而投入是负的。②这种方法有一些明显的优点。不过,我们将不使用它,因为对于我们的目的而言,正数用于不同生产要素的投入较为方便。技术装备的各个项目也将假设为正数。

3. 生产能力和技术装备结构

前已说明,S_{ij}是第 j 个技术过程中第 i 种固定资本的存量。让我们用 t_{ij}表示在一定时期中使用固定资本的最多时间。于是这种资本的最大可能投入是

$$(X_{ij})_{max}=t_{ij}S_{ij}(i=1,2,\cdots\cdots l;j=1,2,\cdots\cdots r)。$$

利用(1.2)式,我们求出存量 S_{ij}最多可以产出(在一定时期内)以

① 见兰格的《最优决策》,华沙,1964 年版。

② O.皮奇来的《经济和统计问题中矩阵的应用》,维尔茨堡,1959 年版;M.M.菲多罗维奇主编的《生产计划的数学方法》,莫斯科,1961 年版。上述二书中可找到这种矩阵的例子。

下数量：

$$(P_{ij})_{max}=\frac{t_{ij}S_{ij}}{a_{ij}}(i=1,2,\cdots\cdots l;j=1,2,\cdots\cdots r)。\qquad(3.1)$$

对于给定的（例如第 j 个）技术过程，技术装备的各个项目 $S_{1j},S_{2j},\cdots\cdots S_{lj}$ 分别决定产品的最大可能产量 $(P_{1j})max,(P_{2j})_{max}$，$\cdots\cdots(P_{lj})_{max}$。这些产量中最小的一个决定技术过程的生产能力。这个生产能力用 $\hat{P}_j$ 表示。则

$$\hat{P}_j=\min_i(P_{ij})_{max}\quad(j=1,2,\cdots\cdots r)。\qquad(3.2)$$

在 $(P_{1j})_{max}=(P_{2j})_{max}=\cdots\cdots=(P_{ij})_{max}$ 的特殊情况下，技术装备结构是调和的。等式不成立时，这种结构是不调和的。在后一情况下，满足条件(3.2)的第 i 个固定资本是技术装备的制约成分。下列差额可以测量对调和结构的偏离，也就是作为对不调和的测量：

$$\max_i(P_{ij})_{max}-\min_i(P_{ij})_{max},$$

也可写成

$$\max_i(P_{ij})_{max}-\hat{P}_j\quad(j=1,2,\cdots\cdots r)。\qquad(3.3)$$

这是最大潜在生产能力和制约成分 i 决定的实际生产能力之间的差异。合并 k 个技术过程，其生产能力是

$$\min_i\sum_{j=1}^{k}(P_{ij})_{max}。$$

如果对所有 $h=1,2,\cdots\cdots k$，都有

$$\max_i\sum_{j=1}^{k}(P_{ij})_{max}-\min_i\sum_{j=1}^{k}(P_{ij})_{max}<\max_i(P_{ih})_{max}-\min_i(P_{ih})_{max},\qquad(3.4)$$

则这将导致技术装备结构的不调和程度降低。

让我们用 M_j 代表第 i 个技术过程中数字 $(P_{1j})_{max}$，$(P_{2j})_{max}$，……$(P_{lj})_{max}$的倍数。于是对一切 i=1,2,……l，

$$\lambda_{ij}=\frac{W_j}{(P_{ij})_{max}} \tag{3.5}$$

是一个整数。用λ_{ij}乘技术装备项目 S_{ij}，我们得到一个新的、放大倍数的第 j 个技术过程。在放大倍数的过程中，技术装备的项目是

$$\lambda_{1j}S_{1j},\lambda_{2j}S_{2j},\cdots\cdots\lambda_{lj}S_{lj}。$$

由(3.1)可得出这些项目的产出为

$$\lambda_{1j}(P_{1j})_{max}=\lambda_{2j}(P_{2j})_{max}=\cdots\cdots=\lambda_{lj}(P_{lj})_{max}=W_j, \tag{3.6}$$

这个等式表明，技术过程放大倍数导致它的技术装备有完全调和结构。

4. 替代

以下几何解释说明了投入替代规律。用 W(n+l)维欧几里得空间中的矢量表示技术过程，这些矢量的分量是有效的完全生产技术矩阵中各列的元素。每个矢量有 n+l 个分量，即 n 种单位投入(生产系数)和 l 种技术装备项目。有些分量显然可以等于零(当某个生产要素不用于一个具体技术过程的时候)。这些矢量的终端决定一个(n+l-1)维单纯形组成的联合超平面。投入替代律意味着超平面至少向一个坐标倾斜，或者换句话说，超平面在坐标系的至少一个平面上的投影是一条“渐减”线。

由于投入和技术装备项目的编号是任意的，投影可以下列方法来画(见图 1)。

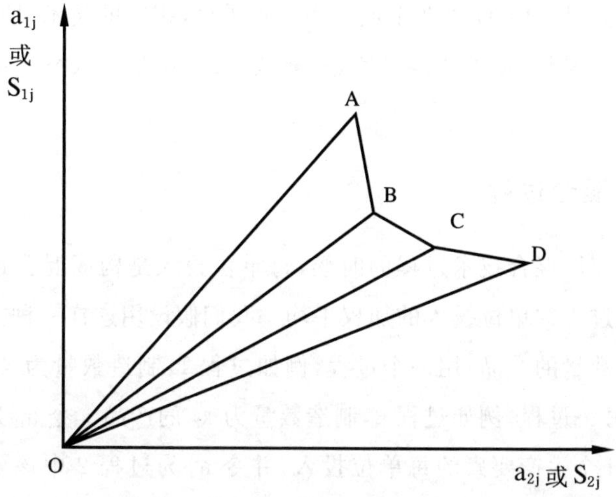

图 1

图 1 代表两个表示投入或技术装备项目的坐标所决定的坐标系统内壁。矢量 OA、OB、OC、OD 等代表各个技术过程的矢量在那个壁上的投影。A、B、C、D 等顶点形成折线 ABCD 等。这根线表示代表不同技术过程的(n+1)维矢量的终端——超平面决定的在上述壁上的投影。投入替代规律说这条折线是“渐减”的。事实上,假如它是“渐增”的,则从图 1 可以看到,与矢量 OB、OC、OD 对应的技术过程会比与矢量 OA 对应的过程需要更大的单位投入或者更大的技术装备项目。

所以这些过程是无效的。同样,如果 ABCD 线是水平线,这些过程也不会是有效的。矢量 OB、OC 和 OD 代表的过程于是会比矢量 OA 代表的过程需要更大的单位投入 a_{2j} 或更大的技术装备项目 S_{2j},同时每单位投入 a_{1j} 或技术装备项目的规模 S_{1j} 保持不变。而如果 ABCD 中两个或更多的点重合,相应的技术过程会是等价的。因此,ABCD 线必然是“渐减”线。这是投入替代率的几何解释。

5. 混合过程

当应用混合技术过程的时候,每单位投入是构成混合过程的各技术过程的单位投入的加权平均。我们假设用这样一种方式生产一定数量的产品:用一个过程,例如过程 1,制造数量为 x_1 的产品;用另一过程,例如过程 2,制造数量为 x_2 的产品。令 a_{i1} 为过程 1 中第 i 个生产要素的每单位投入,并令 a_{i2} 为过程 2 中该要素的每单位投入。过程 1 中第 i 个要素的投入等于 $a_{i1}x_1$,而过程 2 中的投入等于 $a_{i2}x_2$。于是混合过程中的每单位投入(用 $\bar{a}_{ix}$ 表示)为

$$\bar{a}_{ix}=\frac{a_{i1}x_1+a_{i2}x_2}{x_1+x_2}。$$

让我们用 $x=\frac{x_1}{x_1+x_2}$ 表示过程 1 在混合过程产出中的份额,于是过程 2 的份额应该是 $\frac{x_2}{x_1+x_2}=1-x$。因此混合过程中第 i 个生产要素的每单位投入可以写成

$$\bar{a}_{ix}=a_{i1}x+a_{i2}(1-x)。\tag{5.1}$$

可以看到,它决定于参数 x,产品即按此比例由两个过程的产出组成。

现在我们来考察第一和第二个生产要素(生产要素的编号顺序是任意的)的每个单位投入,也就是坐标 a_{1j} 和 a_{2j} 定义的坐标系

的壁。图 2 表示分别代表技术过程 1 和技术过程 2 的矢量在壁上的投影。

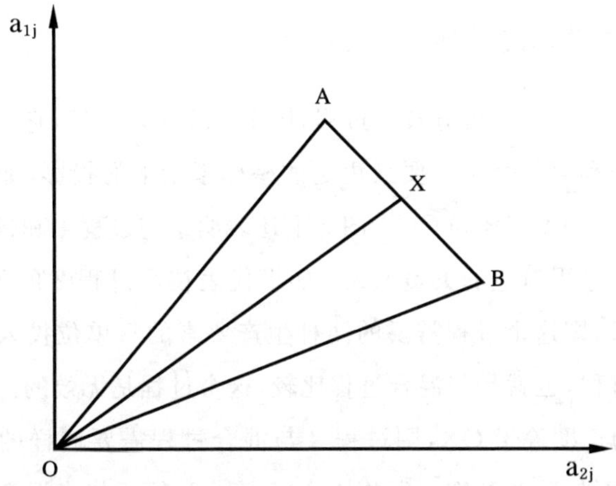

图 2

它们是矢量 OA 和 OB。矢量的终点，即 A 和 B 的坐标是(a_{11}，a_{21})和(a_{12}，a_{22})，两个过程组成的混合过程对应于一个矢量，其终点的坐标是(a_{1x}，a_{2x})。这个矢量用 OX 表示。由(5.1)得

$$\bar{a}_{1x}=a_{11}x+a_{12}(1-x),$$

$$\bar{a}_{2x}=a_{21}x+a_{22}(1-x)。$$

这是通过坐标为(a_{11}，a_{21})和(a_{12}，a_{22})的两个点，即通过 A 和 B 点的一根直线的参数方程。它说明 X 点，即代表混合过程的矢量 OX 的终点位于线段 AB 上。X 点在这个线段上的位置决定于参数 x。如果 $x=0$，则 X 点与 B 点重合，这意味着只使用过程 2。如果 $x=1$，则 X 点与 A 点重合(即只使用过程 1)。如果 $0<x<1$，

则 X 点位于 A 和 B 之间某处,其位置决定于两过程的产出用以组成产品的比例。

6. 替代率的性质

现在考察三个可分技术过程,用 1、2、3 代表它们,它们的矢量是第一个和第二个生产要素决定的坐标系壁上的投影,如图 3 所示,即矢量 OA、OB 和 OC。图 2 上还表明了与过程 1 和过程 3 组成的混合过程对应的矢量 OX。如果代表技术过程 2 的矢量 OB 比 OX 长,则这个过程需要的两种生产要素的每单位投入大于上述混合过程,也就是与混合过程比较,这个过程是无效的。如果矢量 OB 的长度等于 OX,则过程 2 与混合过程需要同样的每单位投入,因而与后者等价。由此推论,只有 OB 短于代表混合过程的矢量 OX 时,过程 2 才是有效的。

相似的论点,可以用于过程 2、3、4,其相应的矢量为 OB、OC、OD。由此可知,代表有效技术过程的这些矢量的终点产生的折线 ABCD 对于坐标系原点是凸的。也可推知,只有混合相邻的技术过程(例如过程 1 和 2、过程 3 和 4 等)才是有效的。[①] 从图上可见,由过程 1 和 3 得到的任何混合过程用终点在线段 AC 上的矢量表示。这种混合过程需要的两个生产要素的每单位投入比过程 2 多。同样,混合过程 2 和 4 使两种要素的每单位投入高于过程 3,而混合过程 1 和 4 需要的两种要素的每单位投入比过程 2 和 3

① 按替代规律,折线 ABCD 等是渐降的。ABCD 等点可以按照它们的高度单调排列。矢量 OA、OB、OC、OD 可以按同法排列。我们称“相邻”技术过程为如此排列的矢量集中互邻矢量所对应的各过程。

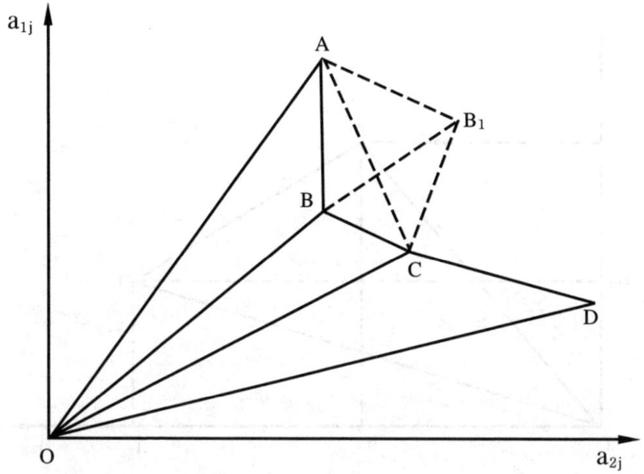

图 3

更大。

折线 ABCD 是"渐降"的，并且对于坐标系原点是凸的。可以推论它的线段(AB、BC、CD 等)的斜率对于横坐标轴是渐降的(见图 3)。

所以相继各线段的斜率形成如下渐降序列：

$$\left|\frac{a_{11}-a_{12}}{a_{21}-a_{22}}\right|>\left|\frac{a_{12}-a_{13}}{a_{22}-a_{23}}\right|>\left|\frac{a_{13}-a_{14}}{a_{23}-a_{24}}\right|>\cdots\cdots \quad (6.1)$$

这在图 4 中得到了说明。序列(6.1)的第一项等于 AB 线段的斜率系数。同样，可以说明序列的以后各项等于线段 BC、CD 等的斜率系数。这些系数用它们的绝对值来衡量，否则它们都会是负值，因为线段 AB、BC、CD 等是"渐降"的。

这些系数的倒数形成一个渐增序列：

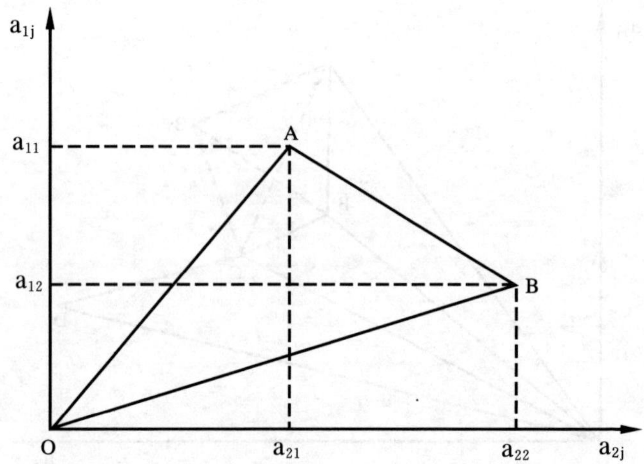

图 4

$$\left|\frac{a_{21}-a_{22}}{a_{11}-a_{12}}\right|<\left|\frac{a_{22}-a_{23}}{a_{12}-a_{13}}\right|<\left|\frac{a_{23}-a_{24}}{a_{13}-a_{14}}\right|<\cdots\cdots \quad (6.2)$$

这些倒数是投入替代率。它们表示一种生产要素每单位投入的增量对另一要素每单位投入的减量的比例。序列(6.2)表明,连续从一个技术过程过渡到另一(相邻的)过程时替代率渐增。这个性质是投入替代率渐增规律。

把产出作为负投入对待,我们得到产出替代率渐减规律,它是投入替代率渐增规律的直接结果。把负投入变换为正产出,我们会看到(6.2)中各项的符号,因此产出替代率渐减规律在几何上可用一根凸向坐标系原点的折线表示,如图 5。坐标轴 Oa_{1j} 和 Oa_{2j} 代表每单位产出。

以相同方式我们可得到新投入渐增(它们的生产率渐减)规

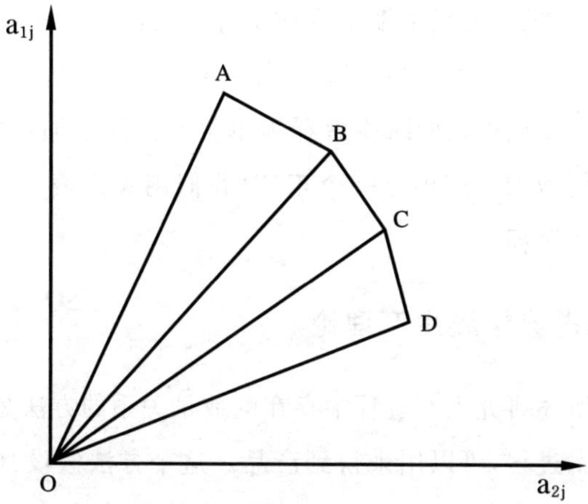

图 5

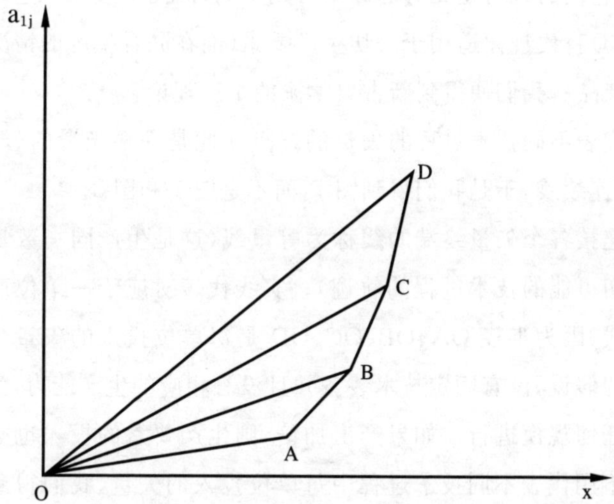

图 6

律,它也是由投入替代率渐增规律推导得出的。让我们考察一个正的单位投入(一种生产要素的)和一个负的单位投入,也就是报酬或产出。单位投入的减少解释为单位产出的增加,也就是生产数量的单位增加。产出是一个正值(我们用 x 来表示),可在图 6 中得到几何解释。

7. 新古典学派生产理论

以上所述研究生产过程中存在的数量关系的方法是假设存在有限的技术过程,可以用来得到产品。这个方法假设具体技术过程有特定的技术装备和相应的生产能力。如果(1)取消特定的技术装备(和一定的生产能力)的假设,代之以生产过程可分的假设,和(2)它们的数目是无穷的和不可列举的(因而形成一个连续体),以及(3)替代规律适用于一切生产要素(而在联合生产的情况下为一切产品),我们便得到新古典学派的生产理论。

代表不同技术过程的矢量的终点在此是一根光滑的(即不是折线)连续线,于是我们得到图 7,而不是图 1 和图 3。

连接各个矢量终端的线称为等量线(这是生产同一数量产品的一切可能的技术过程的轨迹)。实线代表对应于一单位产出的等量线,因为半径 OA、OB、OC、OD 是每单位投入的矢量。按照我们的假设,没有固定技术装备并且没有相应的生产能力,生产可以以任何规模进行。如果产出加倍,则生产要素的投入也必须加倍。不用代表不同技术过程中每单位投入的矢量,我们得到两倍长度的矢量,即 OA′、OB′、OC′、OD′(见图 7),它们代表在生产两个单位产出的各个过程中不同生产要素的投入。这些矢量的终端

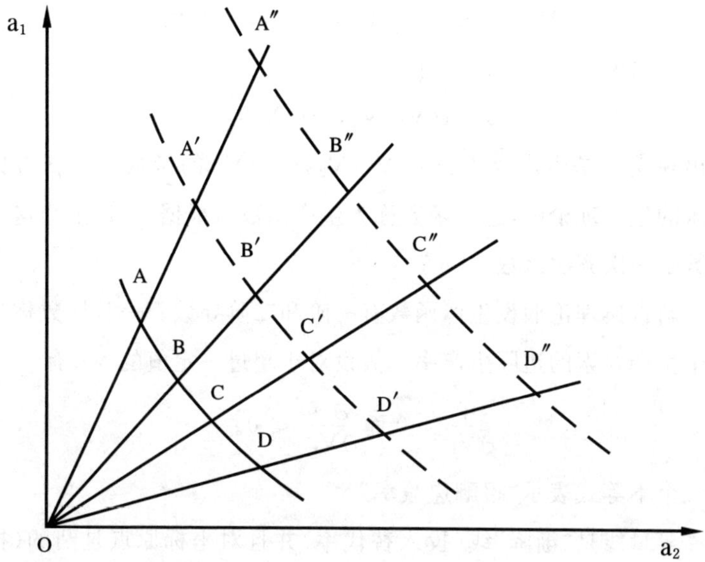

图 7

是一根新的等量线，在图上表现为虚线。这个等量线对应于两个单位的产出。以相似方式可以得到对应于任何数量的产出，或者对应于不同规模产出的等量线。产生等量线的矢量长度与产品的数量，即产出的规模成比例，因而所有等量线是平行的。

因此，在两种生产要素的情况下（如图 7），有一组等量线可以表示为方程

$$f(a_1x, a_2x) = x,$$

或在 n 种生产要素的情况下，表示为方程

$$f(a_1x, a_2x, \cdots\cdots a_nx) = x, \tag{7.1}$$

在此方程中，参数 x 表示产出规模。可以看出，生产要素的投入 $a_1x, a_2x, \cdots\cdots a_nx$ 与产出规模成比例。设

$$V_1 = a_1 x, V_2 = a_2 x, \cdots\cdots V_n = a_n x,$$

并将产出 x 列在等号左边,则

$$x = f(V_1, V_2, \cdots\cdots V_n), \tag{7.2}$$

产出规模 x 是生产要素投入 $V_1, V_2, \cdots\cdots V_n$ 的函数。在新古典学派的生产理论中,这个函数称为生产函数。根据(7.1)推知这个函数是一次齐次函数。[①]

新古典理论假设生产函数有一阶和二阶导数。一阶导数称为各个生产要素的边际生产率。假设对于超过一定值的 V_i,有

$$\frac{\partial f}{\partial V_i} > 0 \text{ 而} \frac{\partial^2 f}{\partial {V_i}^2} < 0。\tag{7.3}$$

第二个不等式表示"报酬递减率"。

等量线是"渐降"线(投入替代率)并且对坐标原点是凸的(投入替代率渐增规律)。等量线是凸的由以下不等式表示:

$$\frac{d^2 V_1}{d{V_2}^2} > 0, \tag{7.4}$$

其中 V_1 和 V_2 是两种不同生产要素的投入(编号次序是任意的)。

在不等式(7.4)表示的投入替代率渐增规律和(7.3)的第二个不等式表示的报酬递减规律之间,有以下关系。应用关于隐函数的导数的定理,得

① 生产函数的齐次性作为一个假设出现在新古典学派生产理论的早期形式中。P.H.威克斯第在《论分配规律的协调》(伦敦,1894 年版)中明白地做了这个假设。在以后的假设形式中生产函数只对产业部门是齐次的,而对单一工厂则不一定是齐次的。假设所有工厂生产最优数量的产品,结果得到生产函数的齐次性。在此情况下,工厂数目增到 k 倍则产出亦能增到 k 倍。见 K.威克赛尔:《政治经济学讲义》第 127—131 页,伦敦,1935 年版。生产函数齐次性问题引起了广泛的讨论。G.J.斯蒂格勒的《生产和分配理论》和 E.施奈德的《生产理论》等,对此做了介绍。

$$\frac{dV_1}{dV_2}=\frac{\dfrac{\partial f}{\partial V_2}}{\dfrac{\partial f}{\partial V_1}}。$$

因此，

$$\frac{d^2V_1}{dV_2{}^2}=-\frac{\dfrac{\partial^2 f}{\partial V_2{}^2}\left(\dfrac{\partial f}{\partial V_1}\right)^2-2\dfrac{\partial^2 f}{\partial V_2\partial V_1}\cdot\dfrac{\partial f}{\partial V_1}\cdot\dfrac{\partial f}{\partial V_2}+\dfrac{\partial^2 f}{\partial V_1{}^2}\left(\dfrac{\partial f}{\partial V_2}\right)^2}{\left(\dfrac{\partial f}{\partial V_1}\right)^3}。\tag{7.5}$$

然而，在$\frac{\partial^2 f}{\partial V_1\partial V_2}<0$的情况下，也就是在投入 V_2 的增加能减少投入 V_1 的边际生产率的时候，可能发生以上表达式为负值或 0 的情况，它是在边际生产率的这种减少很多的时候发生的。这时报酬渐减规律的作用受到阻碍。

反之亦然，在(7.3)的第二个不等式不成立的情况下，也就是报酬渐减规律不起作用的情况下，不等式(7.4)可以满足$\frac{\partial^2 f}{\partial V_1\partial V_2}>0$，也就是在增加投入 V_2 能增加投入 V_1 的边际生产率的时候可能发生。如果这种增加很明显，它可以对报酬渐减规律不起作用有所贡献。

不过，一种生产要素对另一种生产要素的边际生产率的这种抵消作用受生产函数的齐次性的限制。一次齐次性函数的二阶导数之间证明有以下关系：①

① 这个关系来自欧拉的齐次函数定理。在一次齐次函数的情况下，

$$\frac{\partial f}{\partial V_1}V_1+\frac{\partial f}{\partial V_2}V_2+\cdots\cdots+\frac{\partial f}{\partial V_n}V_n=f。$$

用这个等式对 V_r 求导数，我们得到正文中的关系式。

$$\frac{\partial^2 f}{\partial V_1 \partial V_r}V_1+\frac{\partial^2 f}{\partial V_2 \partial V_r}V_2+\frac{\partial^2 f}{\partial V_r^{\,2}}V_r+\frac{\partial^2 f}{\partial V_n \partial V_r}V_n=0(r=1,2,\cdots\cdots n)。$$

从这一关系式可推知

$$\frac{\partial^2 f}{\partial V_r^{\,2}}=\frac{1}{V_r}\sum_{i\neq r}\frac{\partial^2 f}{\partial V_i \partial V_r}V_i \quad (i=1,2,\cdots\cdots n)。\qquad (7.6)$$

因此,(7.3)第二个不等式包含着对出现在(7.6)式右边混合导数的某些限制。

在生产函数只是两个变量的函数的特殊情况下,报酬递减规律是投入替代率渐增规律的充要条件。这时关系式(7.6)取以下形式:

$$-\frac{\partial^2 f}{\partial V_2^{\,2}}=\frac{V_1}{V_2}\frac{\partial^2 f}{\partial V_1 \partial V_2}。$$

把此式代入(7.5)中,得

$$\frac{d^2 V_1}{dV_2^{\,2}}=\frac{-\frac{\partial^2 f}{\partial V_2 \partial V_1}\frac{\partial f}{\partial V_1}\left(\frac{V_1}{V_2}\frac{\partial f}{\partial V_1}+2\frac{\partial f}{\partial V_2}\right)+\frac{\partial^2 f}{\partial V_1^{\,2}}\left(\frac{\partial f}{\partial V_2}\right)^2}{\left(\frac{\partial f}{\partial V_1}\right)^3}。$$

考虑到 $V_1>0$,$V_2>0$,$\frac{\partial f}{\partial V_1}>0$,$\frac{\partial f}{\partial V_2}>0$,我们发现当且仅当$\frac{\partial^2 f}{\partial V_2^{\,2}}<0$,也就是(7.3)的第二个不等式成立时,$\frac{d^2 V_1}{dV_2^{\,2}}>0$。然而,在生产函数是两个以上变量的函数的一般情况下,不会发生这个情况。

联合生产可用和上述相似的方式计算,把参照产品以外的产品当作投入为负值的生产要素来处理,或者假设一切产出是正值,而一切投入是负值(或者反之)。① 把产出作为投入处理,我们发

① 假设投入是负产出以处理联合生产的方法是 J.R.希克斯在《价值和资本》第319页(伦敦,1946年版)中首先引入的。以后这种处理方法也被用于所谓活动分析,也就是用于假设只存在有限数目的技术过程的生产理论中。见兰格的《最优决策》和 R.G.D.阿伦的《数理经济学》第613页。

现不等式(7.4)也表示产出替代率渐减规律。设 V_1 表示投入，而 V_2 表示产出(负号)，我们可把不等式(7.4)解释为新增每单位投入渐增规律，也就是新增投入生产率渐减规律。不过要强调的是，以这种方式引入的新增投入生产率渐减规律带有某种假设的性质，而不是报酬递减规律解释为边际生产率渐减或满足(7.3)第二个不等式的结果，因为我们知道(7.3)的第二个不等式和(7.4)一般不重合。

可以看出，新古典学派生产理论以高度理想化的方式构思生产过程中的数量关系，产生了一种远离实际生产过程的理论模型。实际上，技术过程的数目是有限的(而且比较小的)，而且各个技术过程为一定的技术装备和一定的生产能力所表达。此外，在实践中，并非所有生产要素都服从替代规律和报酬递减规律，这些规律被人理解为生产函数的一个性质，也就是一种技术规律。如此假设是一种缺乏足够经验基础的概括。

所以，必须把新古典学派生产理论看成是分析生产中数量关系的一种失败的尝试。[①] 它的历史来源是劳动、资本和土地三种平行的"生产要素"的理论，目的在于证明社会产品在这些要素的主人之间分配是合理的。新古典学派推广了这个理论并使它现代化。它被广泛接受，并被认为是资本主义生产模式下收入分配方式的辩护性结论。按照新古典理论，生产要素的主人们收到他们恰好拥有的要素的边际产品价值，而要素的主人们收到他们拥有

① 关于新古典学派的生产理论问题，见兰格:《最优决策》和《政治经济学杂志》，芝加哥，1929 年。H.舒尔茨的"边际生产率和一般价格过程"一文对此也提出了有趣的观点。

的要素的边际产品价值是理所当然的。这是从他们应当而且恰好拥有的生产要素数量的隐含假设中得出的一个推论,也就是历史确定的财产分配是正确的。

第三章 生产资料的更新*

再生产是生产过程的不断重复。我们知道，它需要经常更换用掉的生产资料，也需要经常更换劳动力。劳动力的更换包含更换现有人力组成的劳动力和世代相传的劳动力。为了得到与这种更换有关的劳务，也需要消费和使用作为提供劳务的手段的某些产品。最终，劳动力的更换还原为商品的消费。劳动力的更换通过消费，即消费维持劳动力必需的生活资料进行。它发生在生产过程之外，[①]并

* 本卷第三章和第四章英译本。原文笔误颇多，可能是据兰格未定遗稿翻译的。汉译时均予改正。——译者注

① 在奴隶制条件下，劳动力的更换可直接在生产过程中进行——当主人像他们“繁殖”牛那样“繁殖”奴隶时会出现这种情况。这种繁殖是一个生产过程，而奴隶的必要维持资料是生产资料，类似役畜的饲料、粮食及各种设备。不过在奴隶制社会中，这种奴隶繁殖只在有限程度上进行。奴隶劳动的更换通常是奴隶人口中自发的人口学过程的结果，并且主要是靠战争和捕获奴隶得到新奴隶（也就是将自由人变成奴隶）的结果。依靠战争和捕捉奴隶远征队得到奴隶在古代社会制度中，特别是在古罗马起很大作用。见N.马希金：《古罗马史》。马希金说，在公元前2世纪繁殖一个奴隶的费用超过在市场上买他的价格。马克斯·韦伯的《古代农业关系》第19页和第244页（杜平根，1924年版）指出，在大农庄中指定奴隶住宿地阻止了它的自然再生产。战争和海盗时期的结束带来了向殖民制度的过渡。在非洲捕捉的奴隶是美洲奴隶人口形成和补充的一个来源（在大陆上，特别是在美国南部各州，和在加勒比海的岛屿上都是这样）。在1486—1641年，单从安哥拉海岸就运出约140万名奴隶；1580—1688年约有100万名奴隶（即每年约10万名）被运到巴西；1783—1793年的11年间，有30万名奴隶通过利物浦转运异地。见B.戴维森《重新发现老非洲》，伦敦，1951年版。

且只是间接与生产有关。所以,消费必要的生活资料的"产品"是做工作的能力,它构成在生产过程中起作用的人的要素的基础。而生产资料的更换在生产过程中进行,通过生产更换在生产中消耗掉的必需的资料。我们在这里只探讨更换生产资料中的数量关系问题。劳动力更换问题是人口学、卫生学、医学、教育抚养、职业训练、劳动心理学和社会学等方面的问题。

营运资本和固定资本的更换是不同的。营运资本在一个生产期过程中被完全用掉,它们必须在那个期间用新的来更换。在一个自然时间单位内(例如一年)用掉的生产资料数量等于生产期中用掉的数量乘以包括在所考虑的时间单位的生产期(整数或分数)。为了更换用掉的资料,必须有一定数量的营运资本。知道用于生产技术过程所需具体营运资本的单位支出,我们就能计算这个数量,它等于单位支出和产出商品数量(在单位时间内)的乘积。固定资本的更换比较复杂。它们逐渐损耗,其寿命长达若干生产期,在它们的作用结束时,它们就被撤除并用新的来更换。具体的固定资本的更换,不像营运资本那样连续地进行,前者在长时期后更换,即在一种特定的资料已到达它的寿命终点时更换。[①] 在使用期结束前,固定资本保持它的作用,并不需要更新。

不过,为了保持它的作用,固定资本需要一些劳动和生产资料两方面的支出。首先有维护支出,这涉及各种活动,即特定种类的

① 使用期通常也称为一种特定固定资本的服务期。这个名词在成本会计中被广泛地使用。它也被卡尔·马克思在《资本论》第1卷,第228—229页中所使用(人民出版社,1975年版)。

劳动(维护工作)和生产资料。例如,船舶、桥梁和其他钢质设备用的保护层,以防腐蚀;保护建筑物的墙壁的涂料;机器用的油脂;牵引动物用的饲料;土壤用的肥料;等等。没有维护支出,固定资本会迅速失去它们的作用,可能变成完全无用的东西。各种修理支出也是必需的。固定资本在它们的使用过程中可能被损坏,必须加以修理。修理需要一定的劳动支出(修理工作)和一定数量的生产资料。固定资本的损坏一般带有随机性质,由许多大小不同的原因造成,与生产中使用的技术方法过程没有直接关系,它是这个过程的外部原因。换言之,它们是对生产过程的干扰。

固定资本的损坏通常是具体零件损坏的结果,例如,机器、槽、建筑物、运输工具等的零件。修理工作包括用一个新零件更换损坏的零件(例如,修整一个孔,焊接一根断裂的棒,固定一片掉下来的瓦)。损坏常常与一个特定的资料已使用的时间长度有关。这一点马克思指出过:"机器等的个别部分所受的损伤,自然是偶然的,因而由此造成的修理也是偶然的。但是从这中间可以分出两类修理劳动,它们都多少具有固定的性质,并且是在固定资本寿命中不同的时期进行的。这就是幼年期的病患和中年期以后多得多的病患。例如,一台机器的构造不管怎样完美无缺,进入生产过程后,在实际使用时都会出现一些缺陷,必须用补充劳动来纠正。而机器越是超过它的中年期,正常的磨损越是增多,构成机器的材料越是消耗和衰老,使它维持到平均寿命的末期所需要的修理劳动就越频繁、越多。正像一个老年人,为了防止死去,必须比一个年轻力壮的人支付更多的医药费。"①这不仅适用于机器,而且也适用于在生产中使用的一切种类的固定资本。

我们应当对一个固定资本的完全毁坏和简单损坏加以区别。这种毁坏可能是一个随机事件的后果,例如,失火、洪水、沉船、车祸、飞机或火车失事,等等。它与损坏的不同之处在于它不仅影响一个固定资本的具体零件,而且影响整个资本,或者至少其中一个重要的零件,以致它不能再靠修理而恢复使用,必须用新的资料更换完全毁坏了的资料。

不过,用掉的或者毁坏的固定资本的更新和修理之间的界限是模糊的。通常是在经常修理和大修理之间进行区别。经常修理是在使用一个特定的固定资本的正常过程中发生固定资本的损坏时进行的,它与维护相似。维护是保护一个固定资本不受损坏;经常修理是为了防止一个特定固定资本的大损坏或全损耗,它是要排除在生产过程中造成的损坏。在维护和经常修理中用掉的生产资料属于营运资本性质,它们在修理过程中被完全用掉,并在某种意义上构成一种被修好的资料完全吸收了的材料。例如,涂料变成建筑物的一部分,一个新螺线变成一台机器的一部分,一段新保险丝变成一台电气装置的一部分,等等。它们的更新直接在它们被用掉之后进行。生产厂要形成供任何时候发生新损坏时修理用

---

① 卡尔·马克思:《资本论》第2卷,第195页,人民出版社,1975年版。马克思在这里谈固定资本,但所引文字内容也适用于资本主义生产方式以外的生产方式的固定资本。

的资料库存。[①]

存在于一个特定固定资本的部分更新中的大修理的情况与生产过程中造成的普通损坏的经常修理不同。在大修理中，一个固定资本资料的重要零件作为独立的物体被新的零件更换。[②] 因此，它意味着更换属于一个特定固定资本的重要部分的特定物体。例如，更换一个引擎的轮子、一台内燃机的活塞、一台工作母机的传动轴、一个建筑物的屋顶，等等。这些物体在"更换"一词的严格意义上被更换了，并且它们有一定的独立性，在被修理的固定资本中不会丧失（例如，一台引擎的轮子不同于经常修理的铆钉和螺丝）。这些新物体要服务于一个长时期，直到固定资本的使用结束，或者直至以后大修理中被新的零件撤换下来。为此缘故，我们把它们包括在固定资本中。

大修理可能是固定资本大损坏的结果，或者是由于火灾、事故等原因使固定资本部分毁坏的结果。所以，这个资本的一部分仍能使用，而其他零件则需更换。并不是所有的大修理都是由随机

① 为了可能需要的任何新修理，也要保持一定的劳动力后备。"因为立即排除机器的故障是一件非常重要的事，所以每一个较大的工厂，除了真正的工厂工人，还雇有一批工程师、木匠、机械师、钳工等等。"见卡尔·马克思：《资本论》第2卷，第196页，人民出版社，1975年版。大的生产企业、农场和运输公司一般有它们自己的修理车间。马克思对修理中用掉的生产资料的性质表示了某些疑问。在考察资本主义生产条件下的这个问题时，他写道："这种投在真正修理上的资本，从某些方面看，形成一种独特的资本，既不能列入营运资本，也不能列入固定资本，但作为一种经常支出，算作营运资本较为合适。"同上引书第197页。如果在一个制度的较广意义上把这个问题作为生产的自然（物质）性质之一来考虑，经常修理用掉的生产资料纳入营运资本中应当不容置疑。

② "修理还分小修和大修，大修是固定资本在实物形式上的局部更新……"卡尔·马克思：《资本论》第2卷，第198页，人民出版社，1975年版。

事件造成的。除损坏和部分毁坏的修理外，有些大修理是因为固定资本的各个零件不同步损耗，有些零件比其他的零件损耗得快，不必更换整个固定资本，只需更换那些损耗快的零件就行，其余的可以继续使用。在某种意义上，这是一个用掉了的特定固定资本的具体零件的“再生”。固定资本的这种更换可能常常以连续的大修理方式分阶段进行。在连续的每次大修理中，更换不同的零件，直至最后这个特定的固定资本完全更新，不留下一个原来的零件。

特别是铁路车辆，常用连续的大修理进行更新。马克思援引了以下的例子：“……旧有的机车和车箱不断地更新；有时安装一个新轮，有时新添一个车身。运动着的，因而磨损得最厉害的部分，会逐渐地更新。这样，机车和车箱可以进行一系列这样的修理，以致有些机车和车箱一点旧材料的痕迹也没有留下来。”①

这一点通常适用于耐久的资本，即使用期很长的资本，例如建筑物、桥梁、运河，等等。在这类资本中，零件不是均匀地损耗，而是使用整个资本时，有一些零件担负较大负荷(例如汽车轮胎、工作母机的刀具、收音机的电子管)或者较容易受到自然界的破坏性影响(例如屋顶)，而必须比其他零件早一些更换。不过，用连续大修理来完成更新并不总是可行的。工业企业用的大多数机器常常

① 卡尔·马克思：《资本论》第2卷，第200页，人民出版社，1975年版。在书中，马克思还说了以下的话：“……我们永远维持住机车，我们更新我们的机器，……在旧机器上总会有几个车轮、一个车轴，或别的可以利用的零件，使我们可以更便宜地制造出一台和全新机器一样的机器。我们现在每周生产一台新机车，就是说和新机车一样好的机车，因为它的锅炉、汽缸和车身都是新的。”

在一定次数的大修理之后被撤下来，而用新的更换。之所以必须如此，通常是由于技术进步使特定的固定资本过时。在这些情况下不能套用马克思援引的例子。如果用一台电动机或一台柴油机更换一台蒸汽机，就不宜采用连续大修理分阶段更换零件的办法，因为一台蒸汽机必须整台撤下来，而用其他类型的引擎更换。不过仍有这样的事实：当一种特定资本的具体零件损耗不均匀的时候，其中有些零件比其他的要早一些更换，这就需要大修。

一种固定资本的使用时间的长度决定于已进行的维护和修理，包括经常修理和大修理在内。我们假设在一种固定资本的使用过程中，做了一切必要的维护和修理工作，使资料能尽可能长期使用。在这种情况下能实现的最大使用期是固定资本的使用期。马克思写道："不言而喻，我们计算固定资本的正常寿命时是以它在这个期间内正常执行职能的各种条件已经具备为前提的，正如说人平均活了 30 年时已经把洗脸洗澡也考虑在内一样。"①

这也适用于资本主义生产方式以外的那些条件下的固定资本。用于一个特定技术过程的每个固定资本有一个特定的使用期，超过这一时期，固定资本就需用新的更换。当采用连续大修理对固定资本分阶段更换时，对于整个资本来说这个使用期不存在，但是有关零件存在使用期。我们将这些零件作为独立的更新物件处理，它有一个特定的使用期。

---

① 卡尔·马克思：《资本论》第 2 卷，第 194 页，人民出版社，1975 年版。

使用期对一种特定的固定资本的一切样品可能是相同的。不过,这要求所有样品(或物件)是完全同质的,并在相同条件下使用。通常情况并非如此,具体物件互不相同,即使只存在细微的差别。这是由于材料的强度、结构的强度、薄弱环节等造成的。并且,它们的使用条件也不同:承受的负荷、受到的振荡、受到某些化学过程影响的程度,以至于工人们的工作态度都各不相同。因此,属于同样的固定资本的相同形式的不同物件,有不同的使用期。然而,根据经验我们能确定特定的固定资本的平均使用期。马克思说:"因此,一种劳动资料的生存期,包括若干不断重新用它来反复进行的劳动过程。在这方面,劳动资料同人的情况一样。每人每天都消耗掉他们生命的24小时,但无论从谁身上都不能确切地看出,他已经消耗掉了生命的多少天。然而,这并不妨碍人寿保险公司从人的平均寿命中得出非常准确、非常有利(这重要得多)的结论。劳动也是这样。根据经验可以知道一种劳动资料(例如某种机器)平均能使用多长时间。"①

这段话提示用保险计算方法,也就是精算数学方法处理固定资本的更新。② 根据从统计学观察得到的经验或生产企业的记

① 卡尔·马克思:《资本论》第1卷,第229—230页,人民出版社,1975年版。

② 精算学或精算数学是数学的一个分支,讨论保险中的风险、保费和储备基金的计算。这些计算的核心是在一个被保险对象的总体中随机事件的发生频率——这些事件导致支付保险赔偿金。在此基础上决定为了弥补支付保险赔偿金所需的保费,以及为了应付随机事件的频繁发生的储备基金。精算数学首先应用于人寿保险。计算所需数据由保险公司的记录提供,其中有被保险人的年龄。负责记录的公司职员称为精算师,他们进行必要的计算。所以有"精算学"的名词,并用"精算师"一词代表从事于保险计算的人。天文学家E.哈雷奠定了精算数学的科学基础,他在1663年发表了第一份消除表。在他之前,J.格朗特编制了一份消除表的早期版本(1662年)。在

录，我们可以设计各种固定资本按照一个特定物件的使用时间长度的分布表。这种表有时也称为存活表，[①] 因为它们表明了经过

18 世纪，J.P.许世密尔奇设计了一份消除表(1741 年)。最后，P.S.拉普拉斯(1814 年)将概率计算应用于死亡率的研究。这导致了研究人口自然运动模式的数学方法。讨论这个问题的科学方法称为数理人口学。G.宙纳(1869 年)、F.G.克那普(1874 年)和W.来克昔斯(1875 年)奠定了数理人口论的基础。数理人口学的方法也应用于保险的其他分支，例如，对工作事故、火灾、航运损失的保费的计算，等等。这最终导致了数理人口学方法以更换理论的形式推广，它研究可更新集合的性质，也就是从可更新集合中消除具体元素并同时添加新的元素。数理人口学讨论的人口或牲畜头数是这类可更新集合的具体例子。死亡和出生是一群人口的元素的增减的具体例子。更换理论是精算数学的一个基本部分，因为它使所有各种保险有一种一致的理论研究方法。W.沙克塞在《精算数学》第 1 编(柏林，1955 年版)第十章和第 2 编(柏林，1958 年版)第四章都阐述了更换理论。1913 年，美国经济学家 D.H.罗伯逊指出了固定资本的更换过程和人口更换过程之间的一种类似性质。见他的“研究商业波动的一些材料”，载《皇家统计学会杂志》(1913 年版)和《产业波动的研究》第 36—45 页，伦敦，1915 年版。最后，著名的人口学家和精算师 J.洛特卡在“工业更换研究”，载《斯堪的纳维亚保险学杂志》1933 年版，和“对自更新总数理论的贡献，兼论工业更换”，载《数理统计记事》，1939 年版中，将数理更换理论应用于固定资本的更换，开辟了用保险学方法处理固定资本更新问题的道路。这个方法以后变得更常见了，它导致了更换理论的进一步发展。在这方面可参见：M.弗来雪的《更新和更换统计总体》，巴黎，1949 年版；L.科斯涅斯卡的《更新问题》，华沙，1963 年版；兰格的《再生产和积累理论》，牛津—华沙，1969 年版；A.波雅斯基的《数学经济学研究》第九章，莫斯科，1962 年版。关于更换理论的现状，可参见 W.L.史密斯的“更新理论及其各方面的应用”，载《皇家统计学会杂志》B 编刊，1958 年版；D.R.考克斯的《更新理论》，伦敦，1962 年版。更新理论也被用于核物理学，以研究核分裂过程。核分裂中基本粒子的出现和消失是一种更新过程，类似生和死的人口学过程。D.R.考克斯在他的书中举了很多例子。首先指出保险学方法对原子物理学的重要性的人之一是著名的统计学—经济学家 W.波特凯维兹，见他的《放射性辐射和它们的理论概率研究》，柏林，1913 年版。更新理论的另一应用领域是各代生物学个体数的更新过程的研究，包括病理学的细菌个体数，这关系到研究人口作为细菌的培养介质(传染病学)和各种生物学个体数之间的相互关系(生态学)。这种研究的先驱者是著名的数学家 V.伏尔特拉，著有《关于存活的数学理论的讲义》，巴黎，1931 年版。关于这方面，还可参见 M.巴特利特的《生态学和传染病学中的随机个体数模型》，伦敦，1960 年版。

① 在这里我们关心的是固定资本。按照使用时间长度的物件分布表也可用于耐用消费品，例如住宅、汽车，等等。

一定的使用期后存活的物件数目。它们类似于按年龄的人口分布。它们提出的"年龄",也就是某种形式的固定资本的样品的使用期,采取统计频率分布的形式。在第一栏中列出一种特定物件的使用时间长度,也就是它的年龄,第二栏中是物件的相应数目。这在表1中得到了说明。此表显示了100,000个已安装的灯泡按照使用时间长度(例如,以周计)的分布。[①]

表1 灯泡按照使用寿命的分布

(存活表)

周龄(星期数)τ	(在使用的)灯泡数 N_τ	存活系数 $l_\tau=\frac{N_\tau}{N_0}$
0	100,000	—
1	100,000	1.00
2	99,000	0.99
3	98,000	0.98
4	97,000	0.97
5	96,000	0.96
6	93,000	0.93
7	87,000	0.87
8	77,000	0.77
9	63,000	0.63
10	48,000	0.48
11	32,000	0.32
12	18,000	0.18
13	10,000	0.10
14	6,000	0.06
15	3,000	0.03
16	2,000	0.02
17	1,000	0.01
18	0	0.00

① 此例取自C.W.邱吉曼、R.L.阿柯夫和E.L.阿诺夫的《运筹学引论》第493页,纽约,1957年版。

表 1 列出的分布可以长条图表示，见图 8。

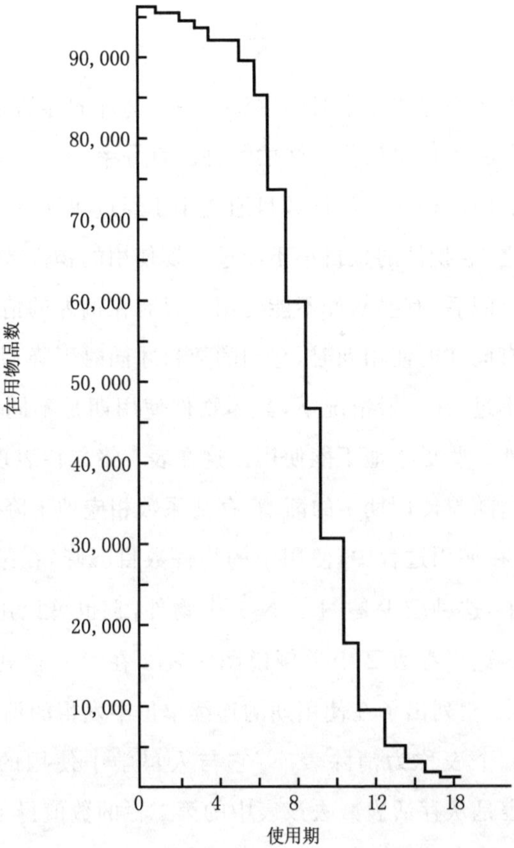

图 8　按照使用时间（存活时间）的灯泡分布图

表 1 第三栏列出了某个周龄的灯泡数对正在使用的灯泡总数（在这例中是 100,000 个）的比率。一般说来，如果原先安装的物件数目是 N_0，而使用期是 τ 个时期单位（例如年、月、周）的物件数

目是 N_τ,则比率是

$$l_\tau = \frac{N_\tau}{N_0} \quad 。 \tag{1}$$

这个比率称为在过去 τ 个时间单位后一个物件的存活系数。它表示经过 τ 个时间单位后将存活的物件的百分率。

经过长时间使用的物件数目通常小于经过短期使用的物件数目。换言之,老物件的数目小于经过短期使用的物件数目。因为,经过一段时间后,有些物件不能再用。只有在例外的情况下,当所有物件都有同样的使用期时,它们的数目才同时下降,并且同时不再使用。不过,在一般情况下,具体物件使用期是不同的,其中有一些比另外一些更早地不能使用。这在表 1 第二栏表现为频率渐降的形式。随着使用期 τ 的渐增,存活系数相应地下降。

结果,在使用过程中,使用中的物件数目下降,在第$(\tau+1)$个时间单位中,这种减少是 $N_\tau - N_{\tau+1}$ 个物件,它也可以用频率分布形式表示。这将在表 2 中举例说明。表 2 在第一栏列出了使用期,并在第二栏列出了在使用期的连续单位中发生的消除数。

这样一个表称为消除表。[①] 它与人口学中使用的寿命表相似。消除表是从存活表减去该表中的第二栏的数值得出的。

在 1 个单位使用时间中物件的消除数对原始安装的物件数目的比率称为消除系数。它用公式(2)表示:

---

① “消除表”一词是 S.舒尔茨在《统计方法》第十四章,华沙,1965 年版中引用的。各种固定资本的第一批“消除表”是由 E.B.寇茨在《预期寿命和物质性质》,纽约,1930 年版中发布的。在更新理论中,按照应用于人口学中寿命表的“死亡顺序”一词的习惯,消除表也称为“消除顺序”。

$$P_\tau = \frac{N_\tau - N_{\tau+1}}{N_0} 。\tag{2}$$

它表示 τ 和 $\tau+1$ 个使用时间单位之间已安装物件被消除的比例。在表 2 的第三栏中列出已安装灯泡总体的消除系数值。这些数值的长条图如图 9 所示。

表 2　灯泡在使用过程中的消除表

周龄（星期数）τ	消除数 $N_\tau - N_{\tau+1}$	消除系数 $P_\tau = \frac{N_\tau - N_{\tau+1}}{N_0}$	消除强度 $m_\tau = \frac{N_\tau - N_{\tau+1}}{N_\tau}$
0	—	—	—
1	0	0.00	0.0000
2	1,000	0.01	0.0100
3	1,000	0.01	0.0101
4	1,000	0.01	0.0102
5	1,000	0.01	0.0103
6	3,000	0.03	0.0312
7	6,000	0.06	0.0645
8	10,000	0.10	0.1149
9	14,000	0.14	0.1818
10	15,000	0.15	0.2381
11	16,000	0.16	0.3333
12	14,000	0.14	0.4375
13	8,000	0.08	0.4444
14	4,000	0.04	0.4000
15	3,000	0.03	0.5000
16	1,000	0.01	0.3333
17	1,000	0.01	0.5000
18	1,000	0.01	1.0000

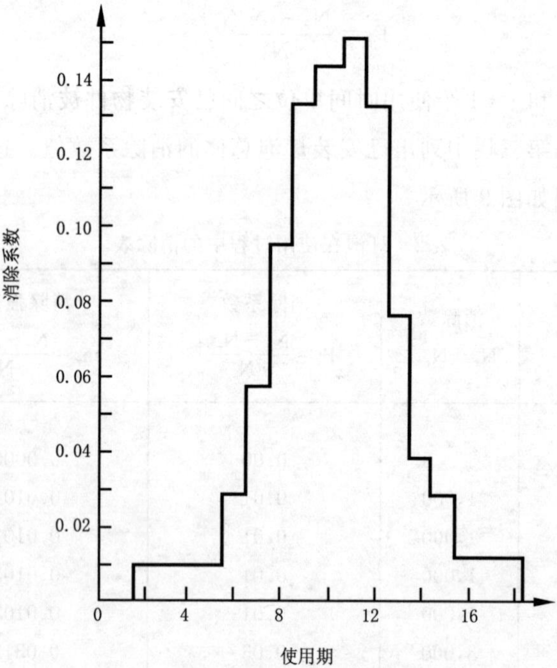

图 9　消除系数数值图

在这里值得提一下所考虑的数量与人口学的类似之处。在人口学中,死亡数相当于一个特定周龄组中的消除数,死亡率相当于消除系数。

存活系数和消除系数也可解释为概率。如果我们从一个已安装物件的总体中随机抽样,[①]抽出的物件使用 τ 个时间单位后存

① 如果抽样许多次,每个物件被抽出的频率相等,则抽样是随机的。

活的概率等于已安装物件经 τ 个时间单位后存活的比例，即等于 l_τ。抽出物件在经过 τ 和 $\tau+1$ 个时间单位之间后将消除的概率等于 P_τ，即在所提时期中失去用途的物件的比例。所以，存活系数和消除系数也称为存活概率和消除概率。除消除系数（概率）外，有另一种系数称为消除强度。它可以表示为

$$m_\tau = \frac{N_\tau - N_{\tau+1}}{N_\tau}, \tag{3}$$

也就是使用了 τ 个时间单位后存活的物件数在 $(\tau+1)$ 个时间单位中被消除的比例。消除强度可以解释为一个物件使用 τ 个时间单位后仍存活而将在下一个时间单位中失去用途的概率。在人口学中相当于这个系数的是死亡强度，一个人活到一定年龄（例如 50 岁）将在下一年内（即在 51 岁）死亡的概率。消除强度在表 2 的第四栏中列出，相应的见图 10。

一般地，消除强度随物件使用时间而增加，即 m_τ 随 τ 增加。物件愈旧，在下一个使用期它将失去用途的概率愈大。从公式(1)、(2)、(3)推知：

$$m_\tau = \frac{P_\tau}{l_\tau}, \tag{4}$$

即消除强度等于消除系数对存活系数的比例。存活系数随使用时间 τ 的增加而下降，因为，旧物件比新物件少。唯有上面提到的情况是个例外，即当所有物件的使用期完全相同的时候（在整个使用期中 l_τ = 常数，$P_\tau = 0$，并且 $m_\tau = 0$）。为了使消除强度随 τ 增加，只需使 P_τ 比 l_τ 减少更慢。然而消除系数 P_τ 是增加的，至少在 τ 值的某一下限到某一上限的范围内是这样，这会进一步促使 m_τ

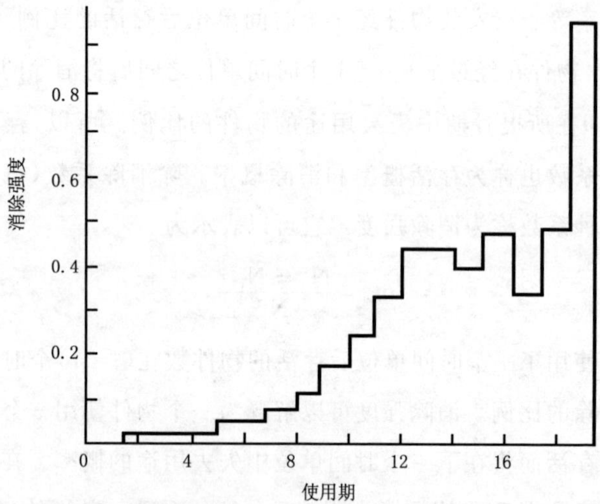

图 10　灯泡消除强度图

的增加。很新的物件由于设计中的错误及材料的缺陷等原因,可能有相对大的数量被消除(可能有一个较高的消除系数)。在经过使用考验的较旧的物件中没有这种情况,并且较旧的物件因此已构成一个恰当选出的总体。而很旧的物件因为它们为数很少,而且存活下来的那些又特别耐久,故而可能以较小的数量消除。除了很新和很旧的物件的这种特点外,消除系数随物件的使用年龄而增加。

固定资本会由于一些原因发生损耗。年龄本身与这些物件的逐渐破坏有关:大气条件(风雨、湿度、温度的变化)、材料变化(铁生锈,建筑材料分解)等会在这一过程中起作用。固定资本也在使用过程中损耗。一般说来，物件愈老，使用过的次数愈多，因此，老物件在下一个时间单位中比新物件更可能失去作用。老物件即使在物质上与新物件一样，由于经济上过时，在下一个时间单位中也更容易失去作用。在由于过时而被淘汰的过程中，老物件首先被撤换，因为无论如何它们将很快需要在物质上更新。所有这一切都使消除强度随物件使用时间长度而增加。

物件也因不能修理的损坏（或修理无利）等随机原因被从使用中消除，这类随机原因通常不因其年龄而影响物件。于是，随机原因的消除强度可能是一个常数，不决定于使用期 τ。不过，这不改变这样一个事实，即作为这里所讲的一些原因的联合结果，消除强度随物件的使用时间而增加。① 而且，即使随机事件影响特殊物件而不论它们的年龄，损坏也可能与物件年龄有关。

借助于这样一张表，我们能计算在一个特定时间单位内从使用中撤下的物件总数。这个数目是从投入使用起，存活到一个特定的时间单位，在这个时间内被撤下来的物件消除总数。我们用 t 代表我们所关心的单位时间。为简化计，我们假设它为一年（事实上它可能是一年、一季、一月、一周等），它是由于某些原因与我们有关系的任意一年，可能是五年计划的最后一年、当年、将来一

① A. 波雅斯基在《数理经济学研究》第 238—240 页中说，物件从使用中被撤出，或由于随机事件，或由于与它的使用时间长度有关的原因。所以，消除强度可以分解为两个成分：$m = m'_{\tau} + m''_{\tau}$。第一个成分代表随机事件的效应，并且是一个常数。第二个成分随 τ 增加。因此，m_{τ} 也随 τ 增加。波雅斯基举出了特殊情况的例子，其中物件实际上不损耗，而只是会因随机事件而消除，例如咖啡馆的壶和盘、商店的橱窗、各种工具等。在这类情况下，$m''_{\tau} = 0$，而消除强度完全决定于随机事件的概率。不过，也有比较没有代表性的例子，它们适用于很大一类固定资本。

年或任何其他年份。为了简化,我们假设物件的寿命是整数年头,例如一年、两年、三年等;我们也假设物件寿命有一个合计为 ω 年的上限。在 t 年中,有一年前、两年前、三年前和最多 ω 年前,也就是 $t-1, t-2, t-3, \cdots\cdots t-\omega$ 年投入使用的物件。没有更老的物件,因为它们已从使用中撤出。我们用 $N_0(t-1)$ 表示在 $(t-1)$ 年投入使用的物件数,用 $N_0(t-2)$ 表示在 $(t-2)$ 年投入使用的物件数,等等。最后用 $N_0(t-\omega)$ 表示在 $(t-\omega)$ 年投入使用的物件数。在 t 年消除的物件数计算如下:在一年前投入使用的物件 $N_0(t-1)$ 中,消除了 P_1;在二年前投入使用的物件 $N_0(t-2)$ 中,消除了 P_2;等等。最后,在 ω 年前投入使用的物件 $N_0(t-\omega)$ 中,消除了 P_ω。这里 $P_1, P_2, \cdots\cdots P_\omega$ 代表一年、二年、……ω 年后的消除系数。按照公式(2)在 t 年的总消除数应是

$$N_0(t-1)P_1 + N_0(t-2)P_2 + \cdots\cdots + N_0(t-\omega)P_\omega。$$

为了保持一种特定的固定资本的存量,我们应当在 t 年更换从使用中消除的物件数目,也就是等于以上和数的数目。我们用 $N_0(t)$ 代表在 t 年投入使用的物件数目。这个数目必须等于在这一年中被消除的物件总数,即

$$N_0(t) = N_0(t-1)P_1 + N_0(t-2)P_2 + \cdots\cdots + N_0(t-\omega)P_\omega \quad (t \geqslant \omega)。\qquad (5)$$

这是决定在某个年度内(或者在另一个时间单位内)为了抵消从使用中消除的物件数目而必须更换的物件数目。它称为更新方程。[①] 它具有一种反复出现的性质,使我们能决定相继在 t, t+1, t

① 在本章末附录的“更新过程的数学分析”中,对此方程做了更详细的分析。

+2,……年度更换的数目。[①]

表3　连续各时间单位中更换灯泡的数目

时间单位 t(星期数)	更换数目 $N_0(t)$	时间单位 t(星期数)	更换数目 $N_0(t)$
1	0	21	12,047
2	1,000	22	11,706
3	1,000	23	10,820
4	1,010	24	9,697
5	1,020	25	8,700
6	3,030	26	8,288
7	6,040	27	8,413
8	10,090	28	8,862
9	14,201	29	9,523
10	15,392	30	10,100
11	16,665	31	10,413
12	15,000	32	10,503
13	9,480	33	10,348
14	6,174	34	9,999
15	6,160	35	9,636
16	5,521	36	9,079
17	7,309	37	9,220
18	9,317	38	9,271
19	10,181	39	9,447
20	11,529	40	9,669
当 $t\to\infty$ 时,$N_0(t)=9,709$			

① 我们假设 $t\geqslant\omega$,也就是更新过程是"全程"的。如果第一批物件在 $t=0$ 年引入,则对于 $t<\omega$ 的值,方程会出现"中断"形式,因为在 $t=1$ 年中,最老的物件是一岁,在 $t=2$ 年中,最老的物件是两岁,等等。因此,对于相当于 $t=1,2,\cdots\cdots\omega$ 的年度,更新方程被"中断",成为:

$N_0(1)=N_0(0)P_1$;$N_0(2)=N_0(1)P_1+N_0(0)P_2$;

……

$N_0(\omega-1)=N_0(\omega-2)P_1+N_0(\omega-3)P_2+\cdots\cdots+N_0(0)P_{\omega-1}$。

这些是决定更新方程"起动"的初始条件。

应用更新方程于表 2 中提供的数据,即灯泡消除表,我们得到表 3 中连续各时间单位的灯泡更换数目。

由表 3 的数据可以画出更换数目的图形,如图 11。

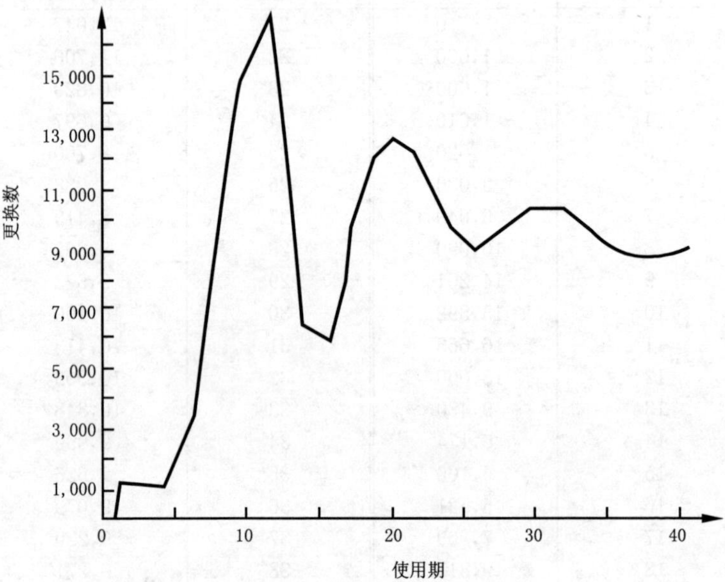

图 11 连续时间单位中更换灯泡的数目

事实表明,在某些情况下更换有一种周期性质的经常波动。这种波动在表 3 和图 11 中清楚地表现出来。为了解释这些波动的原因,让我们首先考虑上面曾提到的所有物件有同样的使用期的这种例外情况。假设在第一年有 100 个物件投入使用,并且它们都有五年的使用期,于是有五年不需要更换。但在五年期末以后,我们必须更换所有的 100 个物件。在下一个五年不需要更换,但过了十年之后,又必须更换所有的 100 个物件。在下一个五年中仍没有更换，但在十五年之后，所有物件又必须更换，等等。这是五年一次的更换循环，或者称为重值循环。这个循环呈跳跃前进：在五年中没有更换，但五年以后所有物件同时更换。一般地，如果更换期是 ω 年，更新循环期（长度）也是 ω 年，即和物件使用期同样多的年头。每个 ω 年更换所有物件而在平时不需要更换。①

更新循环由于初始引入新物件的时间集中，导致定期（ω 年）重新置备新物件，因此旧物件从使用中撤换的时间也是集中的。在某种意义上，这个集中是原来引入新物件的集中的一种"回声"。在人口学中，"回声"一词表示一种相似的现象。人口升降的波形是人们熟知的。例如，在战争时期，出生率集中下降，那么在二十多年之后（战时出生的人进入育龄），出现一个人口学深谷，并且每二十多年重复一次。同样，战争刚结束之后有一个集中出生飞跃，每二十多年，它的"回声"成为人口高峰的再现。为了使更新有一个均匀的过程而不形成循环，引入新物件必须在一开始就注意在时间上均匀分布。在上例中，必须在第一年引入 20 个物件，在下一年又引入 20 个，等等。在五年之后，就有 100 个物件在使用，并且每年消除和更换 20 个，这种均匀的更新过程见表 4。

① 在更新方程中这意味着 $P_1 = P_2 = \cdots\cdots = P_{\omega-1} = 0$ 和 $P_\omega = 1$（因为在 ω 年之后，所有物件被消除）。于是更新方程取 $N_0(t) = N_0(t-\omega)$ 的形式，它用更新过程的循环性质来表示，而循环期是 ω 年。

表4 均匀更新过程

年	物件年龄					更换物件数
	一年	二年	三年	四年	五年	
1	20					
2	20	20				
3	20	20	20			
4	20	20	20	20		
5	20	20	20	20	20	
6	20	20	20	20	20	20
7	20	20	20	20	20	20
8	20	20	20	20	20	20
⋮	⋮	⋮	⋮	⋮	⋮	⋮

各个年度所有不同年龄的物件的数目列于表的中部，对角线表示每年终了物件转移到较高的年龄组，也就是物件老化过程。在右边最后一栏列出各年度更换的物件数目。表4的设计类似人口学中使用的寿命表。① 从这张表可以看出，一个均匀的更新过程需要五年的安排，在五年之后，均匀过程在“运转”：在使用中的

① 在人口学中，人口的老化和死亡过程用对角线表示，连同坐标形成一个人口网络，见J.郝尔塞的《人口分析基础》，华沙，1963年版。B.祖纳的《数学和统计学文集》，莱比锡，1869年版，将这种图示法引入人口学。并见G.F.克那普的《人口学理论》，布仑斯威克，1894年版；W.来克锡斯的《人口统计理论导引》，斯特拉斯堡，1875年版；以及该作者的另一著作：《人口学理论文集》，耶拿，1903年版。表4以及表6和表7中有相似的对角线，是按照与人口网络原理同样的原理设计的。

物件存量总是 100，每年更换其中的 20，也就是 1/5。一般地，如果使用期(对所有物件是相等的)是 ω 年，安排一个均匀的更新过程也需要 ω 年。如果现有物件存量是 N，则在 ω 年中我们每年必须将 $\frac{N}{\omega}$ 个物件投入使用。更新也以这种方式变成均匀的过程，每年更换 $\frac{N}{\omega}$ 个物件，也就是更新的物件数等于存量除以物件的使用期。[①]

在各个物件的使用期不同的情况下，物件更新时间的集中也产生更新周期。[②] 这表现在表 3 和图 11 上。不过在此情况下，循环的波动(振荡)随时间减弱，更新过程渐渐变为均匀。实践中遇到的大多数更新过程属于这一种。我们说，随着时间的推移更新循环逐渐消失，它的振荡衰减，以迄最后消失，而更新过程开始稳定化。

为了更好地说明更新循环消失的过程，我们举下面简化的例子。假设在开始年度同时引入 10,000 个新物件。其中第一年后需要更换 10%，第二年后更换 30%，第三年后更换 60%。物件的最长使用期因而是 $\omega = 3$ 年，而消除系数取数值 $P_1 = 0.1$，$P_2 = 0.3$，$P_3 = 0.6$。更新循环的模式见表 5。

---

① 这些数量的量纲值得注意。在使用中的物件是它们的存量，它的量纲(物质单位)用 N 表示。使用期 ω 用时间量纲 T 表示。在一个单位时间内更换的物件数，表示为量纲 NT^{-1}，也就是属于流量性质。

② T. 捷曹夫斯基在《简单再生产过程中的循环模式》，华沙，1957 年版中讨论了这个问题。

表5 在一次引入一万个物件后更新循环的消失

年	新引入物件数	物件更换数		
		一年后	两年后	三年后
1	10,000	1,000	3,000	6,000
2	1,000	100	300	600
3	3,100	310	930	1,860
4	6,610	661	1,983	3,966
5	2,191	219	657	1,315
6	4,062	406	1,219	2,437
7	5,029	503	1,509	3,017
8	3,037	304	911	1,822
9	4,250	425	1,275	2,550
10	4,353	435	1,306	2,612
11	3,532	353	1,060	2,119
12	4,209	421	1,263	2,525
13	4,093	409	1,228	2,156
14	3,791	379	1,137	2,265
15	4,132	413	1,240	2,479
16	4,006	401	1,202	2,403
17	3,906	391	1,172	2,343
18	4,082	408	1,225	2,449
19	3,983	398	1,195	2,390
20	3,966	397	1,180	2,360
21	4,041	404	1,212	2,425
22	3,974	397	1,192	2,384
23	3,969	397	1,191	2,281
24	4,014	401	1,204	2,409
25	3,967	397	1,190	2,380
·	↓	↓	↓	↓
·	4,000	400	1,200	2,400
·	4,000	400	1,200	2,400
·	4,000	400	1,200	2,400
·	4,000	400	1,200	2,400
·	4,000	400	1,200	2,400
	·	·	·	

表 5 中第二栏是各年度中投入使用的新物件数目，后面三栏是一年、两年和三年后更换的物件数目。每年更换的物件数目是前三年中投入使用并需要在一年、两年和三年后更换的物件数之和。这在表中用对角线表示，对角线连接应当更换的一年、两年和三年前引入的物件。例如，第四年中新物件数 6,610 是前一年引入的已经需要更换的 310 件和两年前引入的并且需要更换的 300 件以及三年前引入的并且现在需要更换的 6,000 件之和。这张表表明了更新过程的逐渐稳定化。它趋向于一个均匀的过程——每年更换 4,000 个物件。收敛是渐近的，但从第 22 年开始，更换物件数的波动不超过均匀过程中更换的物件数的 1%。我们可以说从第 22 年开始，更新过程变得均匀了。如果将波动不超过 1%作为更新过程均匀性的标准，在表 3 更换灯泡的例子中，从第 36 个时间单位(周)开始，更新过程变得均匀了。

与我们的例子对应的物件老化和消除过程见表 6。在第一年引入的 10,000 件中，第二年只有 9,000 件在使用，第三年只有 6,000件在使用。对角线表示每年终了时转移到一个较高年龄组的物件。表 6 与表 4 相似，其中也表现了物件的老化过程。不过，在表 6 中具体物件有不同的使用期，因此它们不同时转移到下一个年龄组(像表 4 中的情况那样)，而其中有些被消除。过渡到下一个年龄组时被消除的物件数，等于对角线上连续两项的差额。过渡到一个较高年龄组时被消除的物件数在表 5 各行中表示。值得注意的是，当更新过程稳定化时，各年度消除的物件数和移到各年龄组的物件数变得不同。在上例中，每年引入 4,000 个物件，第一年后消除 400 个，只有 3,600 个移到下一个年龄组；在第二年后

表 6 物件老化和消除过程

年	以年计算的物件使用期 (达到的年龄)		
	一年	两年	三年
1	10,000	—	—
2	1,000	9,000	—
3	3,100	900	6,000
4	6,610	2,790	600
5	2,191	5,949	1,860
6	4,062	1,972	3,966
7	5,029	3,652	1,315
8	3,037	4,526	2,437
9	4,250	2,733	3,017
10	4,353	3,825	1,822
		3,918	2,550
			2,612
·	4,000	3,600	2,400
·	4,000	3,600	2,400
·	4,000	3,600	2,400
·	4,000	3,600	2,400
·	4,000	3,600	2,400
·	·	·	

再消除 1,200 个,只有 2,400 个移到下一个年龄组。

更新循环的逐渐消失是各个物件使用期不相等的结果。在所有物件使用期相同的情况下,更新循环以不衰减的方式进行,所有时间以同样的规模重复出现。我们已经看到,注意引入新物件在时间上的均匀分布,可以避免更新循环和保证更新过程的均匀性,见表 4。如果各个物件有不同的使用期,则尽管被引入的新物件开始时在时间上是集中的,但在一定时间以后,为了更新它们,需要引进的物件却变得较均匀了。开始时引入的物件不是同时更换,因此,以后各年引入新的物件在时间上也比较不集中,反而分布比较均匀。各个物件不相等的使用期导致物件更新时间的进一步分散。更新循环的振荡随时间愈变愈小,以至最后变为"渐近地"均匀。更新的初始集中的"回声"变得愈来愈弱,愈来愈不显著,以迄最终消失。

各个物件使用期的不均匀性愈大,更新循环的衰减就愈快,更新过程的稳定化也愈快。显然各个物件的使用期如相差很短,更换在时间上就较为集中,因此,要想让使用期的差异能减少这种集中并使更新时间有较大的均匀性,需要一个很长时间。而如果各个物件的使用期很长,则更新时间的分散也很快,更新循环会大大衰减并且迅速消失。我们知道,各个物件的使用期形成消除表中显示的统计频率分布,它反映了一定的使用期后从使用中消除的物件数目。各个物件使用期的不相等程度在统计上可用离中趋势,例如方差或标准差来表示。方差或标准差的数值决定于更新循环的衰减程度和消失的速度。①

因为更新循环是物件更新时间初始集中的一个结果,它可依靠物件初始更换时间的均匀分布来避免。表 7 说明了在上例规定的条件下,更新应在时间上拉开,以避免更新循环。事实是在头三年中,每年必须有 4,000 个物件投入,三年后物件存量是10,000个。在三年中共投入了 12,000 个物体,在此总数中,第一年消除了 400 个,第二年消除了 1,600 个,结果在使用中留下 10,000 个。三年后,均匀的更新过程在"运转",每年更换 4,000 个。

在一个均匀的更新过程中,每年(或在某个时间单位中)会消除和更换同样数目的物件。在上例中是每年 400 个,在上述灯泡

① 本章附录"更新过程的数学分析"对此有较详细的讨论。

更换的例子中是一个星期 9,709 个灯泡。这个数目等于物件现存量的特定的分数,即物件存量除以物件的平均使用期。在表 5 的例子中,物件存量是 10,000 个,在这些物件中,10%用一年,30%用二年,60%用三年。平均使用期是 0.1×1+0.3×2+0.6×3=2.5 年。每年更换现有存量的 1/2.5,即 4,000 件。在表 3 灯泡更新的例子中,平均使用期是 10.3 星期,所以每星期要更换 100,000 个灯泡存量的 1/10.3,即 9,709 个灯泡。

表 7　建立一个均匀的更新过程

年	新物件数	更换物件数		
		一年后	两年后	三年后
1	4,000	400	1,200	2,400
2	4,000	400	1,200	2,400
3	4,000	400	1,200	2,400
4	4,000	400	1,200	2,400
5	4,000	400	1,200	2,400
6	4,000	400	1,200	2,400
⋮	⋮	⋮	⋮	⋮

这可用以下的推理更清楚地说明:在一个均匀的更新过程中,每年(或某个其他时间单位)投入使用的新物件数是相同的。年复一年,现有物件存量也保持不变。我们用 N 表示它。在任何一年

t 中，这个存量包括在 $t-1$、$t-2$……$t-\omega$ 年投入使用并存活到 t 年的物件数（更早引入的物件已被消除）。这些物件的总数是 $N_0(t-1)l_1 + N_0(t-2)l_2 + \cdots\cdots + N_0(t-\omega)l_\omega$，其中的 $N_0(t-1)$、$N_0(t-2)$ 等代表第一年、第二年等以前引入的物件数，而 l_1、l_2 等代表这些物件经过一年、二年等以后的存活系数。于是可得

$$N = N_0(t-1)l_1 + N_0(t-2)l_2 + \cdots\cdots + N_0(t-\omega)l_\omega。$$

然而，在一个均匀的更新过程中，每年投入使用的物件数目是相同的，即

$$N_0(t) = N_0(t-1) = N_0(t-2)\cdots\cdots = N_0(t-\omega)。$$

所以，上面的方程可以写成下列形式：

$$N = N_0(t)(l_1 + l_2 + \cdots\cdots + l_\omega),$$

因此，

$$N_0(t) = \frac{N}{l_1 + l_2 + \cdots\cdots + l_\omega}。\tag{6}$$

这个公式决定了任何一年 t 中引入的新物件数 $N_0(t)$。公式右边表明这个数不受 t 的影响而在所有各年度是相同的。

上面公式中的分母代表物件的平均使用期。确实，如果现有物件存量是 N，则它们的联合使用时间是 $Nl_1 + Nl_2 + \cdots\cdots + Nl_\omega$。联合使用时间用现有物件数目来除，即用 N 除，就得到平均使用期 $l_1 + l_2 + \cdots + l_\omega$。事实是，每年更换的物件数，等于现有物件存量除以它们的平均使用期。

物件的平均使用期等于从使用中消除的物件的平均年龄，即 $P_1 + 2P_2\cdots\cdots\omega P_\omega$。从消除系数的含义〔公式(2)〕可知，$P_\tau = l_\tau - l_{\tau+1}$，即 $l_\tau = P_\tau + l_{\tau+1}$。于是得 $l_1 = P_1 + l_2$，$l_2 = P_2 + l_3$，……$l_\omega = P_\omega$

$+l_{\omega+1}=P_\omega$(因为 $l_{\omega+1}=0$,没有年龄超过 ω 的物件数)。把这些 l 关系相继代入 $l_1,l_2,\cdots\cdots l_\omega$ 的表达式中,得到

$$\begin{aligned} l_1 &= P_1+P_2+P_3+\cdots\cdots+P_\omega, \\ l_2 &= \quad\; P_2+P_3+\cdots\cdots+P_\omega, \\ l_3 &= \qquad\quad P_3+\cdots\cdots+P_\omega, \\ &\cdots\cdots \\ l_\omega &= \qquad\qquad\qquad\quad P_\omega。\end{aligned}$$

于是一个特定年龄的存活系数等于达到那个年龄后的消除系数之和。这是明显的,因为一个特定年龄的物件的存活相当于一个事实,它在以后的某一年被消除。上述方程求和,得到

$$l_1+l_2+\cdots\cdots+l_\omega=P_1+2P_2+\cdots\cdots+\omega P_\omega。\tag{7}$$

把(7)代入(6),得到

$$N_0(t)=\frac{N}{P_1+2P_2+\cdots\cdots+\omega P_\omega},\tag{8}$$

也就是任何一年更换的物件数等于现有的物件存量除以从使用中消除的物件的平均年龄。

平均使用期的倒数,或者可以说从使用中消除的物件的平均期限的倒数,称为平均损耗率:①

$$S=\frac{1}{l_1+l_2+\cdots\cdots+l_\omega}=\frac{1}{P_1+2P_2+\cdots\cdots+\omega P_\omega}。\tag{9}$$

所以公式(6)可简化为

$$N_0(t)=NS。\tag{10}$$

---

① 见本卷第一章。

在一个均匀的更新过程中，每年（每个时间单位）更换的物件数等于现有物件存量乘以平均损耗率。在上例表 5 中，平均损耗率是 $S=\frac{1}{2.5}=0.4$，$N=10,000$，因此 $N_0(t)=4,000$。同样，在表 3 的例子里，$S=\frac{1}{10.3}=0.09709$，$N_0(t)=9,709$，并且是一个均匀的更新过程。

为了建立一个均匀的更新过程，我们必须在前 ω 年里每年引入 NS 个新物件。于是，我们看到在 ω 年之后，一个均匀的更新过程在“运转”中，物件存量达到 N 的水平。为了在 ω 年期间投入使用新物件，需要做适当计划。如果忽视这种计划工作，可能开始一个更新循环。如果各个物件的使用期的非均匀性（离中趋势）较小，这种循环将缓慢地消失。在上述例子中（表 5），更新循环基本上消失需要 22 年（也就是波动变得小于 1%）。物件平均使用周期为 2.5 年，而 ω＝3 年。如果就是这种情况，假设平均使用期为 25 年，而 ω＝30 年，这在发达工业国家中相当接近实际。按表中的比例，更新循环的实际消失会需要 220 年，显然，更新循环的波动甚至在早得多的时间就会失去实际重要性，因为将它们与各种随机干扰区别开是不可能的。例如，在表 5 中，11 年后它们甚至达不到 4%。不过，在没有适当计划时，更新循环可能持续下去。

最终，更新循环消失而在足够长时间后更新过程得到稳定。[①]

① 假设在更新过程中，由于更新过程之外的原因，不发生新物件的新积累。在资本主义经济中，这种积累经常与商业循环联系着出现。商业循环会造成新物件的积累，它们在某些年度中（商业循环的各阶段）被引进——这能保持更新循环而不让它消

只有上述所有物件的使用期相等这一情况为特殊例外。因此,如果各个物件的使用期不同,则很久以前开始的更新过程是均匀的。在这些过程中初始更新循环已消失,更新过程已稳定。① 一个均匀的更新过程的"历史剖面"和它的"同时剖面"相同是它的一个特点。这在表5的下半部分可以看出,它描绘了一个均匀的更新过程。

失。而更新循环会造成固定资本的需求波动,这反过来又会影响商业循环的波动。商业循环与更新循环重合的事实被马克思所重视:"可以认为,大工业中最有决定意义的部门的这个生命周期现在平均为十年。但是这里的问题不在于确定的数字。无论如何,下面一点是很清楚的:这种由若干互相联系的周转组成的包括若干年的周期(资本被它的固定组成部分束缚在这种周期之内),为周期性的危机营造了物质基础。在周期性的危机中,营业要依次通过松弛、中等活跃、急剧上升和危机这几个时期。虽然资本投下的时期是极不相同和极不一致的,但危机总是大规模新投资的起点。因此,就整个社会考察,危机又或多或少地是一个周转周期的新的物质基础。"见卡尔·马克思:《资本论》第2卷,第207页,人民出版社,1975年版。在社会主义经济中没有商业循环,所以在商业循环和更新循环之间没有重合。不过,如果在扩大再生产中,被引入的新物件在时间上过于集中,更新循环就可能保持而不消失。不过我们已看到,依靠适当计划更新在时间上的分布,可以避免更新循环,所以也能避免它的多次释放。在实践中,防止一个更新循环的原始释放并不总是可能的(例如在高速工业化之初,由于各种原因,不能分期实施)。一个更新循环继续下去而不消失,在社会主义经济中是计划不利的表现。

① 在更新理论中,一个更新循环如果持续很长时间,并且由于初始更新循环的消失而变得均匀,称为一个稳定的更新过程或均衡的更新过程。见D.R.考克斯的《更新理论》第28页:"稳定的更新过程可以解释为一个通常的更新过程,在做第一次观察以前,它在一个特定集合中已经延续了很长时间。"值得注意的是,在核物理学中和在生物学某些领域(例如微生物学和传染病学)中出现的更新过程通常是均匀的。在这些过程中,物件更换进行得如此迅速,在核物理学中仅在一秒的若干分之一内,在微生物学和传染病学中仅在几小时或几天之内。所以,在一个短时期后,过程变为稳定。在人口学过程中以及在固定资本或耐久消费资料的更新过程中,人生或许多固定资本(例如房屋、工业装置、某些机器、船舶等等)或耐久消费资料的使用期长度是这样地长,以致过程进入稳定之前需要很长时期(几十年甚至更多)。因此,在人口学和经济更新过程中,它们的几十年的历史并不意味着它们已开始稳定和它们是均匀的。这要决定于更新循环中振荡的衰减程度。

对角线上数字(一个“历史剖面”)和水平各行数字(一个“同时剖面”)相同。对角线上数字相加(按照“历史剖面”相加)和各行数字相加(按照“同时剖面”相加)都能计算每年更换的物件数——可知每年更换相同数目的物件。

以上述公式(5)形式的更新方程,将以前连续各年引入的物件中的被消除数合计起来,表示“历史剖面”的更新过程,即

$$N_0(t) = N_0(t-1)P_1 + N_0(t-2)P_2 + \cdots\cdots + N_0(t-\omega)P_\omega。\tag{5}$$

在一个均匀更新过程中,每年引入同样数目的物件,即

$$N_0(t-1) = N_0(t-2) = \cdots = N_0(t-\omega) = N_0(t)。$$

在此情况下,更新方程可写成

$$N_0(t) = N_0(t)P_1 + N_0(t)P_2 + \cdots + N_0(t)P_\omega,\tag{5a}$$

它相当于“同时剖面”各数的合计。更新方程的第一形式相当于表(5)中对角线各数的合计,第二形式相当于各行的合计。显然只有过程均匀时才能用更新方程的第二形式。

计算一个均匀过程中的更新系数,须既根据更新过程的“历史剖面”,又根据它的“同时剖面”。按照公式(10),这个系数是

$$S = \frac{N_0(t)}{N},$$

而根据方程(5)和(5a),即借助于“历史剖面”数字或“同时剖面”数字相加都能得到 $N_0(t)$。

更新循环消失的结果是,随着时间的推移,更新过程的“历史剖面”和“同时剖面”变得相似。在如此久远之前开始的更新过程中,有足够时间的稳定令这两种剖面相同,而过程的性质,可用这

些剖面的任何一个表达。[①]

生产更换所需要的物件所需要的时间,决定于所用技术过程相应的生产期。如果这个生产期是 T 年(或其他时间单位),在 t 年中更换所需要的物件的生产应当在 t－T 年开始。生产或更换生产资料,包括固定资本和营运资本(以及为了更换耗用的消费资料),必须及早地开始。不过,一定种类的具体物件的生产可能不同,物件可在使用不同技术过程的生产企业中生产,因此生产期也不同。即使在同一生产企业中,同样的物件也可用生产期不同的

① 这是归入称为时间稳定过程范畴的那些过程的性质。所谓时间稳定过程,我们理解为:一个特定数量在时间中的变化,随着时间的推移,趋向于一个特定值的不断重复(称为均衡态、定态、一个均衡过程,等等),而不取决于初始值。一个特定数量在过程的具体时间模式中的连续数值的平均数(称为时间平均数或历史平均数),随时间趋向于这个数量在这个过程的独立的、"平行"的时间模式集合中各同时数值的平均数(称为阶段平均数或同时剖面平均数)。这是由于在一定时间后,一个特定数量渐近地总是取同样数值,而不论初始数值如何。在这些条件下,一个特定数量的连续数值的平均数随时间趋向于最终被不断重复的数值,也就是均衡值。而一个特定过程的具体"平行"模式也都趋向不断重复同一数值(均衡值),一个特定数量在过程的"平行"模式中的平均值在一定时期之后变为等于均衡值。因此,一个特定过程的具体时间模式的历史平均数和这个过程的独立"平行"时间模式集合中同时剖面的平均数趋向同一数值,称为均衡值。可知这两个平均数(渐近地)趋向一致。时间稳定过程的最重要例子产生在随机过程领域中,也就是某些时刻或时间单位的随机变量的数值决定了这个随机变量在一个以后的时刻或时间单位的概率分布的过程。定态随机过程,也就是随机变量的平均值和方差不随时间变化的过程,是时间稳定过程。把消除系数解释为概率,我们可以把更新过程作为一个随机过程处理:在更新方程左边出现的更换数 $N_0(t)$ 是在特定年度消除的物件数的概率分布的平均值。我们假设这个分布不随时间变化,所以它的平均值和它的方差也不变。于是更新过程是一个定态随机过程,是时间稳定的。关于定态随机过程的时间稳定性,见 J.L.多布的《随机过程》第十章和第十一章,纽约,1953 年版;A.M.雅格龙的"定态函数理论导引",载《数理科学发展》第 7 卷,莫斯科,1952 年版。在人口学中更新过程的时间稳定性表现为人口按年龄的分布(一种同时剖面),它趋向于存活的概率分布(一种人口的历史年龄分布)。

几个技术过程生产。在此情况下，生产一定系列物件的计划，必须便于当老物件从使用中被撤出时，有适当数目的新的替代物品可供投产。

我们用$B_0(t-\tau)$代表物件数目，它们的生产期是τ年，而它们的生产是于$t-\tau$年开始。令$N_0(t)$为在t年更新所需要的物件数，假设各个企业和各个技术过程的生产能力是这样的：在同一生产期不能生产所需的全部物件，而是不同的物件有1，2，……，T年的生产期。在此情况下，各个物件生产的开始在时间上必须按以下等式分布：

$$B_1(t-1)+B_2(t-2)+\cdots\cdots+B_T(t-T)=N_0(t)。\quad(11)$$

物件开始生产的时间如未适当安排，到了t年，满足从使用中撤出的物件的更新需求的物件，就可能太少或太多，物件开始生产的时间和更换时间不协调。为此缘故，我们将称上面的方程为物件生产开始时间的协调方程。

让我们通过分析以下的例子来进一步说明。假设更新过程是均匀的，并且每年更换的物件数目是4,000个（像上面的情况那样），每年必须有4,000个物件可供更换从使用中消除的物件。我们进一步假设在一年之内可以生产500件，两年之内生产1,000件，三年之内生产1,500件，于是各年度开始生产与更换物件必需数目的协调如表8所示。

在表8中，第二、三、四栏表示在各年度开始生产的物件数目，分别有三年、两年和一年的生产期。最后一栏表示各年中备好的物件数。备好的物件数是前三年开始生产的物件数之和，用对角线表示。从表中可以看到，在设置协调生产过程需要的三年之后，

表 8 更换用物件的协调生产

年	已开始生产的物件数,其生产期是			备好物件数目
	三年	两年	一年	
1	1,500	2,000	500	—
2	1,500	2,000	500	500
3	1,500	2,000	500	2,500
4	1,500	2,000	500	4,000
5	1,500	2,000	500	4,000
6	1,500	2,000	500	4,000
⋮	⋮	⋮	⋮	⋮

备好的物件数总是等于更换所需要的物件数(在我们的例子中是4,000件)。生产过程从而与一个均匀生产过程的需要协调。一般情况下,如果最长的生产期是T年,那么在T年后达到协调生产过程。①

如果更换物件的生产过程与一个均匀的更新过程协调,则生产过程也变得均匀,即它的“历史剖面”和它的“同时剖面”是相同的。这显示在表8中。从第四年开始,表中对角线上数字与各横行的数字相同。由于生产过程的均匀性,下列方程成立:

$B_1(t-1)=B_1(t), B_2(t-2)=B_2(t), \cdots\cdots B_T(t-T)=B_\tau(t),$

即有1,2,……T年生产期,并在t-1,t-2,……t-T年开始的物件数目等于在t年开始的有同样生产期的物件数。把这代入协调

① H.邓那犹斯基在《经济增长理论研究》第一章,华沙,1965年版中讨论了这个问题。

方程(11),得到

$$B_1(t)+B_2(t)+\cdots\cdots+B_T(t)=N_0(t)。\quad (11a)$$

在一个均匀的生产过程中,“历史剖面”和“同时剖面”相同,意味着在与一个均匀更新过程协调的生产过程中,对现成产品用不着“等待”。在需要更换那些从使用中消除的物件的同时就已有了这种更新物件处于“等待”中。只在实施一个均匀生产过程所需的前T年中发生“等待”,“等待”也在需更换的物件数目有变化时发生,因为,那时为了在生产过程中实现均匀,需要有一定的时间。

于是,“等待”成为生产过程中缺乏均匀性的一个结果,它或者由于与更新过程缺乏协调,或者由于在更新过程中缺乏均匀性。在更新过程及与它协调的生产过程同时进行的情况下,不发生“等待”。①

第三章附录 更新过程的数学分析

1. 连续更新过程

为了使阐述简化,我们假设更新过程是连续的。让我们用 N_τ 代表使用了 τ 个时间单位也就是年龄为 τ 的物件数,并用 N_0 代表投入使用的新物件数(即年龄为0)。到年龄 τ 时的存活系数是

① 一个均匀生产过程是否需要“等待”和在什么程度上需要“等待”是奥地利学派和新古典学派存在严重争议的问题。这是关系到能否把资本的报酬解释为“等待”的报酬的问题。主要是庞巴维克和马歇尔为一方。反对他们的有维塞尔、克拉克和奈特,他们认为在一个均匀生产过程中对生产的结果不需要“等待”。在本卷中我们将继续讨论这个问题(已故的作者原本打算继续他的著作。——编者注)。

$$l(\tau)=\frac{N_\tau}{N_0}。\tag{1.1}$$

假设 $l(\tau)$ 是 τ 的一个有连续导数的可微函数,则消除系数表达为①

$$f(\tau)=-l'(\tau),\tag{1.2}$$

而消除强度为 $$\mu(\tau)=\frac{f(\tau)}{l(\tau)},\tag{1.3}$$

以下关系成立:

$$l(\tau)\geqslant 0, f(\tau)\leqslant 1, \mu(\tau)\leqslant 1。$$

存活系数和消除系数可以解释为概率密度,于是,$l(\tau)d\tau$ 是物件存活到第 $\tau+d\tau$ 年(终了时)的概率,而 $f(\tau)d\tau$ 是物件将在 $\tau+d\tau$ 年被从使用中消除的概率。消除强度因而是条件概率密度:$\mu(\tau)d\tau$ 是使用了 τ 年的物件将在第 $\tau+d\tau$ 年从使用中消除的概率。

2. 更新方程

我们用 $N_0(t)$ 表示在时间 t 中引入的新物件数,假设 $N_0(t)$ 是 t 年的一个可微函数。在 t 时刻我们消除 $N_0(t-\tau)f(\tau)$ 个在 $(t-\tau)$ 时刻引入的物件。令 ω 为物件的最长使用期。于是,物件在 t 时刻的联合消除数是

$$\int_0^\omega N_0(t-\tau)f(\tau)d\tau,$$

在 t 时刻应当更换的物件数(即必须投入使用以更换被撤出物件的新物件数)因此是

---

① 将负号放在右边,使 $f(\tau)$ 不是负数,因为 $l(\tau)$ 是一个渐减的或至少是不增的函数(老物件较少并且无论如何不比新物件多),所以 $l'(\tau)\leqslant 0$。

$$N_0(t) = \int_0^{\omega} N_0(t-\tau)f(\tau)d\tau。 \quad (2.1)$$

这是更新方程。①

更新方程是积分方程，它的未知函数称为更新函数的函数 $N_0(t)$，而函数 $f(\tau)$（物件消除函数）是已知的。

除公式(2.1)中所用的形式外，表示更新方程还有其他形式。有时不用最长使用期 ω，而假设原则上物件能无限期使用，即 $\omega=\infty$，并规定随着年龄的增长，老物件数渐近地趋向于 0。所以方程(2.1)右边的积分是在从 0 到 ∞ 的范围内。这种积分极限同时是更新方程的一个较广义的解释。因为，如果存在一个有限最长的使用期 ω，则

$$\int_0^{\infty} N_0(t-\tau)f(\tau)d\tau = \int_0^{\omega} N_0(t-\tau)f(\tau)d\tau + \int_{\omega}^{\infty} N_0(t-\tau)f(\tau)d\tau,$$

右边第二个积分等于 0，于是左边积分等于方程(2.1)中的积分。

通常的情况是不用 0 到 ω 的积分极限，而假设极限从 0 到 t。于是更新方程采取以下形式：

$$N_0(t) = \int_0^{t} N_0(t-\tau)f(\tau)d\tau。$$

在此形式中，更新方程只考虑从 $t-\tau=0$ 时刻投入使用的物件。对于最长使用期 ω，在 $t>\omega$ 时，这个方程与方程(2.1)相同。因为

---

① 意大利数学家维多·伏尔特拉在《积分方程和积分——微分方程讲义》，巴黎，1913 年版（1910 年做的讲演）中第一次写出更新方程，作者称之为遗传效应的积分方程，即决定于一个特定系统的以前状态的效应，因此在某种意义上是一种“来自过去的遗产”。作者将此方程应用于研究生物学个体数的发展和组分。美国人口学家和精算师 J.洛特卡将它应用于人口学，然后又应用于生产资料的更新。

积分能分解为两个积分 $\int_0^{\omega}$ 与 $\int_{\omega}^{t}$ 之和,其中第二部分等于 0。如果 $\omega=\infty$,则更新方程是

$$N_0(t)=\int_0^{\infty}N_0(t-\tau)f(\tau)d\tau$$

$$=\int_0^{t}N_0(t-\tau)t(\tau)d\tau+\int_t^{\infty}N_0(t-\tau)f(\tau)d\tau。$$

最后一项的第二个积分表示更新方程无限回溯,在 t 时刻也更换无限久远以前投入使用的物件。

不过通常假设更新过程在有限时间,例如假设在 0 时刻开始,于是不用右边的积分,我们取 $N_0(0)f(t)$ 的值,也就是在初始时刻 0 投入使用的物件数在 t 时刻被从使用中消除。于是更新方程变成以下形式:

$$N_0(t)=N_0(0)f(t)+\int_0^{t}N_0(t-\tau)f(\tau)d\tau。$$

引入分数

$$g(t)=\frac{N_0(t)}{N_0(0)} 和 g(t-\tau)=\frac{N_0(t-\tau)}{N_0(0)},$$

我们也可把上面这个方程写成以下形式:

$$g(t)=f(t)+\int_0^{t}g(t-\tau)f(\tau)d\tau。$$

分数 $g(t)$ 和 $g(t-\tau)$ 称为更新密度,它们把特定时刻引入的物件数表示为初始时刻 0 引入的物件数的分数。

而且,我们可以在包括固定资本扩大再生产的情况下推广更新方程。我们在最后一个方程右边加上函数 $\Phi(t)$,它表示 t 年中需要增加的物件数(相对于初始时刻 0)。

对于我们的目的来说，最方便的更新方程形式是(2.1)。

3. 更新方程的解

在(2.1)中更新方程是一个齐次积分方程，假设求解函数的形式为

$$N_0(t)=e^{\zeta t},$$

式中ζ是一个参数，借助于代入积分方程，我们检查这个函数是不是这个方程的解。

代入后得到

$$e^{\zeta t}=\int_0^{\omega}e^{\zeta(t-\tau)}f(\tau)d\tau,$$

即
$$e^{\zeta t}=e^{\zeta t}\int_0^{\omega}e^{-\zeta\tau}f(\tau)d\tau。\tag{3.1}$$

两边除以 $e^{\zeta t}\neq 0$，此式可化为①

$$\int_0^{\omega}e^{-\zeta\tau}f(\tau)d\tau=1。\tag{3.2}$$

事实是，如果参数ζ也满足方程(3.2)，则 $N_0(t)=e^{-\zeta t}$ 是积分方程的解，这是积分方程(2.1)的一个特征方程。假设ζ是在复数集上定义的，并且 f(t)函数是连续的，我们发现特征方程的左边是一个在整个复平面范围内的解析函数。从解析函数的理论知道(函数是常数的情况例外)，函数取特定有限值(在本例中此值等于

① 特征方程(3.2)的左边是消除系数 f(τ)的拉普拉斯变换。这个方程中 f(τ)函数的拉普拉斯变换等于1。拉普拉斯变换应用于积分方程可以直接导致这个结果。我们用L表示拉普拉斯变换，方程(2.1)右边是 $N_0(t)$和 f(τ)的一个卷积(设 $t\geqslant\omega$，因此 t 可作为积分上限)。于是得到 $LN_0(t)=LN_0(t)Lf(\tau)$。按平常情况，$LN_0(t)=0$(则也有 $N_0(t)=0$)。如果 $Lf(\tau)=1$，这个方程被满足，这与特征方程(3.1)等价。

1)的各个点是孤立的。在一个定义的范围内,这种点的数目是有限的;而在整个复平面上,它们形成一个不可数的集。因此,有无限数目的满足特征方程(3.2)的参数值,而这些值的集合是可数的。这些数值形成一个无限序列 ζ_1, ζ_2,……所以存在一个无限序列的函数 $e^{\zeta_1 t}, e^{\zeta_2 t}$,……它们构成积分方程(3.2)的解。

借助于代入积分方程,我们可以证明任何数目的这些函数的线性组合(加权和)也是积分方程的解。于是更新方程(2.1)的一般解有以下形式:

$$N_0(t) = \sum_{j=1}^{\infty} Q_j e^{\zeta_j t}, \tag{3.3}$$

其中 Q_j 系数是实数。在这个一般解(通解)中,参数 ζ_1, ζ_2,……是特定方程的根,而系数 Q_1, Q_2,……是自由的,但须假设函数 $N_0(t)$在一个规定时期中有所需要的模式可以给它们特定的值。

如果 ζ_j 根是多元的,并且它的乘积是 r,则函数 $te^{\zeta_j t}, t^2 e^{\zeta_j t}$,……$t^{r-1} e^{\zeta_j t}$也是积分方程(3.1)的解。① 所以,线性组合

① 让我们用 $F(\zeta)$代表特征方程(3.2)的左边。如果 $F(\zeta_j)=1$,而 $F(\zeta)=(\zeta-\zeta_j)^r \phi(\zeta)$,我们说 ζ_j 是特征方程的 r 重根。所以,

$$F'(\zeta_j) = F''(\zeta_j) = \cdots\cdots = F^{(r-1)}(\zeta_j) = 0$$

而 $F^{(r)}(\zeta_j) \neq 0$。

公式(3.1)两边相继求导,我们得到:

$$te^{\zeta t} = te^{\zeta t}F(\zeta) + e^{\zeta t}F'(\zeta),$$

$$t^2 e^{\zeta t} = t^2 e^{\zeta t}F(\zeta) + 2te^{\zeta t}F'(\zeta) + e^{\zeta t}F''(\zeta),$$

$$\vdots$$

如果 ζ_j 是特征方程的 r 重根,结果得到

$te^{\zeta_j t} = te^{\zeta_j t}F(\zeta), t^2 e^{\zeta_j t} = t^2 e^{\zeta_j t}F(\zeta_j), \cdots\cdots t^{r-1} e^{\zeta_j t} = t^{r-1} e^{\zeta_j t}F(\zeta_j)$。因为 $F(\zeta_j)=1$,事实证明函数 $te^{\zeta_j t}, t^2 e^{\zeta_j t}, \cdots\cdots t^{r-1} e^{\zeta_j t}$也满足积分方程(2.1)。

$$Q_{j0}e^{\zeta_j t}+Q_{j1}te^{\zeta_j t}+\cdots\cdots+Q_{j,r-1}t^{r-1}e^{\zeta_j t}$$

也是这个方程的解。在此情况下，不用常数系数 Q_j，而出现表达式

$$Q_j(t)=Q_{0j}+Q_{j1}t+\cdots\cdots+Q_{j,r-1}t^{r-1},$$

即变量 t 的多项式，其次数比根的乘积少 1。

考虑特征方程的根的可能倍数，我们将通解(3.3)写成下面的形式：

$$N_0(t)=\sum_{j=1}^{\infty}Q_j(t)e^{\zeta_j t}。\tag{3.4}$$

在 ζ_j 是单一根的情况下，多项式 $Q_j(t)$化为常数 Q_j。通过这种方式，(3.3)的情况就包括在求解更新方程的公式(3.4)中。

特征方程(3.2)有一个并只有一个实根，即 $\zeta=0$。把此值代入特征方程，我们可以直接检查 $\zeta=0$ 是根。于是

$$\int_0^{\omega}f(\tau)d\tau=1。$$

根据消除系数(概率)$f(\tau)$的定义，这个等式被满足。在时间间隔$(0,\omega)$之内，这个间隔初始时刻引入的一切物件被消除，因此，上面式子左边的积分始终等于 1。我们也注意到特征方程(3.2)左边是参数 ζ 的一个连续函数，以及 $f(\tau)\geqslant 0$。所以，在实数 τ 值的集合中，这个函数随 ζ 的增加而单调地下降。它的值从 $\zeta=-\infty$ 时的 ∞ 到 $\zeta=+\infty$ 时的 0 不等，所以只存在一个实数 ζ 值，使这个函数等于 1，这个值是 $\zeta=0$。

所以存在一个实根 $\zeta=0$，而特征方程的其他根是复数。结果更新方程通解(3.3)可以写成①

---

① ζ 是单根，因为 $F'(0)=-\int_0^{\omega}\tau f(\tau)d\tau<0$。

$$N_0(t)=Q_1+\sum_{j=2}^{\infty}Q_j(t)e^{\zeta_j t},\qquad(3.5)$$

其中参数 $\zeta_2,\zeta_3,\cdots\cdots$都是复数。

4. 决定特征方程的根

为了用连续逼近法求特征方程的根,我们把 $e^{\zeta\tau}$展开为一个幂级数。因而特征方程(3.2)取以下形式:

$$\int_0^{\omega}\left(1-\frac{\zeta\tau}{1!}+\frac{\zeta^2\tau^2}{2!}-\cdots\cdots\right)f(\tau)d\tau=1,$$

即 $$\int_0^{\omega}f(\tau)d\tau-\frac{\zeta}{1!}\int_0^{\omega}\tau f(\tau)d\tau+\frac{\zeta^2}{2!}\int_0^{\omega}\tau^2 f(\tau)d\tau-\cdots\cdots=1。\qquad(4.1)$$

因为 $f(\tau)$可以解释为概率密度,所以上式中的积分是年龄 τ 的概率分布的中心矩——年龄为 τ 的物件从使用中消除掉。我们用 $m_0,m_1,m_2,\cdots\cdots$代表这些矩,并将方程(4.1)写成以下形式:

$$m_0-\frac{m_1}{1!}\zeta+\frac{m_2}{2!}\zeta^2-\frac{m_3}{3!}\zeta^3+\cdots\cdots=1。\qquad(4.2)$$

前面说过,方程(4.1)左边的第一个积分等于1,也就是 $m_0=1$,所以,

$$\frac{m_1}{1!}\zeta+\frac{m_2}{2!}\zeta^2-\frac{m_3}{3!}\zeta^3+\cdots\cdots=0。\qquad(4.3)$$

这是一个无限次数的代数方程,并且它有无限个可数的根。方程的系数是从使用中消除的物件年龄概率分布的相继中心矩除以相应的阶乘。

从出现在方程左边的多项式取有限数目的表达式,我们求得有限多项式的根。通过这种方式我们得到作为更新方程一般解的

无限和(3.5)的一个近似值。取愈来愈多的数目的多项式的表达式,可以得到这个解的任何所需要的近似值。由于出现在它们的分母中的阶乘使多项式的连续的系数下降,少数表达式足以得到一个好的近似值。

在方程(4.3)中,我们可以把ζ放在括号前面,即可知这个方程有实根$\zeta=0$。我们知道,这是唯一的实根,并且它又是单根。因为,在把ζ放在括号前面之后,我们得到

$$-m_1+\frac{m_2}{2!}\zeta-\frac{m_3}{3!}\zeta^2+\cdots\cdots=0, \tag{4.4}$$

这里$m_1=\int_0^{\omega}\tau f(\tau)d\tau$是从使用中消除的物件的平均年龄,所以,$m_1>0$。① 因此,我们不能再把$\zeta$放在括号前面。$\zeta=0$是特征方程(4.3)的一个单根。

特征方程(4.3)的其他根同时是方程(4.4)的根。我们知道,它们是复数,所以方程(4.4)可以用来确定复数根。由于这个方程的系数是实数,各个根以共轭对出现。因此,在用一个有限多项式逼近时,我们应当使用一个偶次数的多项式(对一个奇次数,必然会出现一个实根)。

上述用相继逼近法决定特征方程以及更新函数$N_0(t)$的根的方法,其特点是它以概率分布$f(\tau)$的中心矩为基础。这些矩可以

① 我们不说$m_1=0$时这种没有实际重要性的情况,因为它意味着物件在年龄为0时从使用中被撤出,也就是完全没有投入使用。这样,对于$\tau\neq0$的一切值,我们必会有$f(\tau)=0$。如果对至少一个$\tau\neq0$的值,$f(\tau)>0$,则(考虑到$\omega>0$)所有的矩m_1,m_2,……都是正的。

根据统计数据计算。

事实是,特征方程的左边是一个产生中心矩的函数。我们从数理统计知道,发生函数的(自然)对数也可以展开为一个幂级数。在特征方程(3.2)两边加对数,我们得到

$$\ln\int_0^\omega e^{-\zeta\tau}(\tau)d\tau = 0,$$

并把左边展开为一个幂级数,得到

$$-\frac{K_1}{1!}\zeta + \frac{K_2}{2!}\zeta^2 - \frac{K_3}{3!}\zeta^3 + \cdots\cdots = 0。\quad (4.5)$$

系数 K_1,K_2,……是物件从使用中撤出的年龄的概率分布的半不变量。

把 ζ 放在方程(4.5)左边表达式的括号之前,我们求出 $\zeta = 0$ 是一个(单)实根,并且

$$-K_1 + \frac{K_2}{2!}\zeta^1 - \frac{K_3}{3!}\zeta^2 + \cdots\cdots = 0。\quad (4.6)$$

取表示偶次多项式的有限数目的式子,我们可以用任何所要的近似值决定特征方程的复根的值。

这是根据统计数据靠连续逼近决定特征方程的根的另一种方式。应当注意在半不变量和矩之间,下列关系式成立:[①]

$$K_1 = m_1,\qquad K_2 = m_2 - m_1^2,$$
$$K_3 = m_3 - 3m_2m_1 + 2m_1^3。\quad (4.7)$$

更多半不变量的多项式表达式更加复杂,所以在用一个二次多项

① 见 M.G.肯德尔的《高等统计理论》第1卷,第63页,伦敦,1948年版;或 M.菲斯的《概率论和数理统计》第103页,华沙,1958年版。

式逼近时，我们有

$$-K_1+\frac{K_2}{2!}\zeta-\frac{K_3}{3!}\zeta^2=-m_1+\frac{m_2}{2!}\zeta-\frac{m_3}{3!}\zeta^2$$

$$-\left(\frac{m_1^2}{2!}\zeta+\frac{-3m_2m_1+2m_1^3}{3!}\zeta^2\right)。$$

可以看到，平均数 m_1 愈小，用矩和半不变量逼近之间的差别愈小。对于较大的 m_1 值，只有用高次多项式逼近，差别才会变小。

5. 更新函数的性质

更新方程，即更新函数的一般解，可以写成公式(3.5)的形式，而出现在求和号下面的参数 $\zeta_2,\zeta_3,\cdots\cdots$ 是复数。我们将用 $\zeta=\alpha_j+i\beta_j(j=2,3,\cdots\cdots)$ 和方程(3.5)的以下形式来说明这一点：

$$N_0(t)=Q_1+\sum_{j=2}^{\infty}Q_j(t)e^{(\alpha_j+i\beta_j)t}。\tag{5.1}$$

使用欧拉定理 $e^{i\varphi}=\cos\varphi+i\sin\varphi$，我们把上式写成以下形式：

$$N_0(t)=Q_1+\sum_{j=2}^{\infty}Q_j(t)e^{\alpha_jt}(\cos\beta_jt+i\sin\beta_jt)。\tag{5.2}$$

事实是更新函数 $N_0(t)$ 有一个振动模式，有无限数目的可数的振动互相叠加，这些叠加的振动形成更新循环。所有这些振动以及更新循环围绕常数值 Q_1 波动。

把 $\zeta=\alpha+i\beta$ 代入特征方程(3.2)，并考虑欧拉定理

$$e^{-i\varphi}=\cos\varphi-i\sin\varphi,$$

我们得到 $\int_0^{\omega}e^{-\alpha\tau}(\cos\beta\tau-i\sin\beta\tau)f(\tau)d\tau=1。$

如果实数部分等于1，而虚数部分等于0，这个方程被满足，即

$$\int_0^{\omega} e^{-\alpha\tau}\cos\beta\tau d\tau = 1 \tag{5.3a}$$

和
$$\int_0^{\omega} e^{-\alpha\tau}\sin\beta\tau d\tau = 0。 \tag{5.3b}$$

从这两个条件中的第一个,可知 $\alpha_j<0$,因为 $\cos\beta\tau\leqslant 0$,对 τ 的几乎所有的值,$\cos\beta\tau<1$,因此积分下的表达式小于 $e^{-\alpha\tau}f(\tau)$。所以,

$$\int_0^{\omega} e^{-\alpha\tau}\cos\beta\tau f(\tau)d\tau < \int_0^{\omega} e^{-\alpha\tau}f(\tau)d\tau。$$

我们知道,如果 $\alpha=0$,上面不等式右边项等于1,所以只有 $\alpha_j<0$,左边项才可能等于1。结果随着 t 的不断增大,$e^{\alpha_j t}$ 趋近于0,振动衰减而更新循环渐渐消失。

就我们迄今所假设的,如函数 $f(\tau)$ 不连续,则出现一个特殊情况,但是对于 $\tau<\omega$ 和 $f(\omega)=1$,$f(\tau)=0$。这是特殊情况,①其中所有物件有相同的使用期 ω。因此,为了满足条件(5.3a),要求 $\alpha=0$,振动是常数,并且都有同样等于 ω 的周期。因而在 ω 时期内,存在一个常数不消失的更新循环。

从两个条件的后一个可知,如果 $Q_j=\alpha_j+i\beta_j$ 满足特征方程,则 $Q_j=\alpha_j-i\beta_j$ 也满足它。参数 Q_j 以共轭对出现,而这也是方程(5.1)或(5.2)左边是实数的要求。

结果(不谈上述的特殊情况),当 t 趋近于∞,公式(5.2)右边出现的和趋向0。所以

$$\lim_{t\to\infty} N_0(t) = Q_1, \tag{5.4}$$

① 严格地说,当对一定值 τ_0,$f(\tau)=1$,而对 τ 的所有其他值,$f(\tau)=0$ 时,才发生这种情况。使用期于是等于 τ_0,即 $\tau_0=\omega$,它导致了正文中所说的结果。

即更新函数趋向一个常数值。

这意味着在一个具体时刻更换的物件数目变得愈来愈接近常量:更新循环渐近地变换为一个均匀的更新过程。这使决定它的价值成为可能。

在一个均匀的更新过程中,现有物件存量是常数,我们用 N 表示它。在另一个时刻 t 上,这个存量是

$$N = \int_0^{\omega} N_0(t-\tau)l(\tau)d\tau。$$

在每个时刻引入同样数目 Q_1 的物件,即对于 t 和 τ 的每一个值,$N_0(t-\tau)=Q_1$ 成立。因此,

$$N = Q_1\int_0^{\omega} l(\tau)d\tau,$$

即

$$Q_1 = \frac{N}{\int_0^{\omega} l(\tau)d\tau}。\tag{5.5a}$$

这个式子的分母是物件的平均使用期。在每个时刻更换的物件数等于物件存量除以它们的平均使用期。

应用分部积分公式,我们发现(对 $\varepsilon>0$)

$$\int_0^{\omega+\varepsilon} l(\tau)d\tau = [\tau l(\tau)]_0^{\omega+\varepsilon} - \int_0^{\omega+\varepsilon} \tau l'(\tau)d\tau。$$

由于 ω 是物件使用时间的上限,于是 $l(\omega+\varepsilon)=0$,

并得 $$\int_0^{\omega+\varepsilon} l(\tau)d\tau = -\int_0^{\omega+\varepsilon} \tau l'(\tau)d\tau,$$

即平均使用期等于从使用中消除的物件的平均年龄。因而公式(5.5a)也可以写成

$$Q_1 = \frac{N}{m_1}。\tag{5.5b}$$

最后,更新系数可表示为

$$S=\frac{1}{\int_0^{\omega} l(\tau)d\tau}=\frac{1}{m_1},$$

我们也得 $Q_1=NS$。 (5.6)

这些都是确定 Q_1 的值的等价的方法。

Q_1 的值是更新函数的边际价值。在一定初始时期适当安排引入新物件的批量,我们可以达到一个均匀的更新过程,而没有过渡的更新循环。为此目的,我们应在初始时期以这样的数量引进物件,使方程 $N_0(t)=Q_1$ 能立即满足。因而更新方程(2.1)采取以下形式:

$$Q_1=\int_0^{\omega} N_0(t-\tau)f(\tau)d\tau。\tag{5.7}$$

因为已知 $\int_0^{\omega} f(\tau)d\tau=1$,可以看出,如果在$(t-\omega,t)$区间内,$N(t-\tau)=Q_1$,则这个方程被满足。同时这是一个必要条件,它可以用下列方式验算。两边对 t 求导,得到对任何 t 的值,

$$0=\int_0^{\omega} N'_0(t-\tau)f(\tau)d\tau。$$

可知 $N'_0(t-\tau)=0$,即 $N_0(t-\tau)=$ 常数。用 C 代表这个常数,代入方程(5.7),可发现 $C=Q_1$。

在长度为 ω 的初始时期中,在每个时刻必须投产 Q_1 个物件。在此期间,物件存量成比例增加,以迄它最后达到 $\omega Q_1=N$ 件。在 ω 时间过去之后,存量是 N 件不变,其中,在每个时刻更换 $Q_1=NS$ 件。

6. 更新循环的衰减及其期限

我们已看到，在更新过程中出现的振荡会衰减和消失。各部分振荡〔用公式(5.2)中和数的各个成分表示〕的衰减程度可能不同。它用$|\alpha_j|$测量，即特征方程相应根的实数部分的绝对值。在 t 时刻振荡幅度是 $e^{\alpha_j t}$，因此，在单位时间中振幅按以下比率减小：

$$\frac{e^{\alpha_j(t+1)}}{e^{\alpha_j t}} = e^{\alpha_j} < 1, \qquad 对\ \alpha_j < 0。\tag{6.1}$$

数量 e^{α_j} 称为振荡的衰减系数，这个系数是一个常量(与时间无关)。t 时刻振荡幅度乘以衰减系数，我们得到 t+1 时刻的振荡幅度。因为 $\alpha_j<0$，α_j 的值愈小，即绝对值$|\alpha_j|$愈大，衰减系数愈小。所以，这个数值被用来衡量振荡的衰减程度。

如果具体振荡的 α_j 值不同，则它们的衰减程度和它们消失的速率也不同。因此，有些振荡衰减比其他的快，而持续最久的是$|\alpha_j|$值最小的振荡。我们称它为主导振荡。我们将主导振荡的衰减系数和衰减程度表示为更新循环的衰减系数和衰减程度。

于是更新循环的衰减程度决定于 $\min|\alpha_j|$。我们将设法估计这个值。借助于半不变量，即多项式(4.6)，把特征方程的(自然)对数展开为一个幂级数，用它最方便。

用一个二次多项式初步逼近得出二次方程

$$-K_1 + \frac{K_2}{2!}\zeta - \frac{K_3}{3!}\zeta^2 = 0。\tag{6.2}$$

我们知道这个方程的根是复数，因此，它们是共轭的，二者都有同样的实数值部分，即 $\alpha_1 = \alpha_2 = \alpha$。从二次方程理论知道

$$\alpha = -\frac{1}{2}\left(\frac{K_2}{2!} - \frac{K_3}{3!}\right)。$$

因此我们发现

$$|\alpha| = \frac{3}{2}\left|\frac{K_2}{K_3}\right|。 \tag{6.3}$$

根据关系式(4.7),第二和第三半不变量等于相应的中心矩,将它们表示如下:

$$\begin{cases} K_2 = \mu_2 = \sigma^2 \\ K_3 = \mu_3 \end{cases}, \tag{6.4}$$

这里 μ_2 和 μ_3 代表第二和第三中心矩,σ^2 代表方差。因此,估计值(6.3)可写成下列形式:

$$|\alpha| = \frac{3}{2} \cdot \frac{\sigma^2}{|\mu_3|}。 \tag{6.5}$$

因为 $\alpha<0$,所以 $\mu_3<0$ 必然成立,也就是说,所有物件被从使用中消除的概率分布必然偏向左边。这意味着从使用中消除的较大物件必然偏向左边。事实上,循环的衰减程度(在此例中是 $|\alpha|$)与 σ^2,也就是与物件消除年龄概率分布的方差成比例。方差愈大,循环消失愈快。而当 σ^2 趋近于0时,$|\alpha|$ 趋近于0,即循环不再消失。①

---

① 我们回到上述特殊情况,其中所有物件有同样的使用期。在此情况下,概率密度函数 $f(\tau)$ 不再是连续的。于是,对 $0\leqslant\tau\leqslant\omega$ 我们有 $f(\tau)=0$,而对 $\tau=\omega$ 有 $f(\tau)=1$。因此第 r 个矩等于

$$m_r = \int_0^\omega \tau^r f(\tau) d\tau = \omega^r。$$

考虑关系式(4.7),发现在此特例中,

$$\sigma^2 = K_2 = 0 \text{ 和 } \mu_3 = K_3 = 0。$$

于是公式(6.5)变得不确定而不能使用。

用一个较高次的多项式可对衰减程度做较精确的估计。我们考虑下面一个 2n 次方程：

$$-K_1+\frac{K_2}{2!}\zeta+\cdots\cdots+\frac{K_{2n}}{(2n)!}\zeta^{2n-1}+\frac{K_{2n+1}}{(2n+1)!}\zeta^{2n}=0。\tag{6.6}$$

这个方程的根是成对共轭的，因此所有根的和等于它们的实数部分之和，而实数部分自己重复两次，因此考虑其中几个就够了。

我们知道，在方程(6.6)的根和系数之间以下关系成立：

$$\zeta_1+\zeta_2+\cdots\cdots+\zeta_n=-\left(\frac{K_{2n}}{(2n)!}-\frac{K_{2n+1}}{(2n+1)!}\right)。\tag{6.7}$$

考虑到根是复数和成对共轭的事实，可得

$$2(\alpha_1+\alpha_2+\cdots\cdots+\alpha_n)=(2n+1)\frac{K_{2n}}{K_{2n+1}}。$$

因而，$|\alpha_1+\alpha_2+\cdots\cdots+\alpha_n|=\frac{2n+1}{2}\left|\frac{K_{2n}}{K_{2n+1}}\right|$。　(6.8)

用 $\bar{\alpha}$ 表示这个式子左边的算术平均数（即 $n\bar{\alpha}=|\alpha_1+\alpha_2+\cdots\cdots+\alpha_n|$），我们得

$$\bar{\alpha}=\frac{2n+1}{2n}\left|\frac{K_{2n}}{K_{2n+1}}\right|\approx\left|\frac{K_{2n}}{K_{2n+1}}\right|。\tag{6.9}$$

因为所有 α_j 有同一符号（负号），所以 $\min\limits_j|\alpha_j|\leqslant\bar{\alpha}$，于是，

$$\min_j|\alpha_j|\leqslant\frac{2n+1}{2n}\left|\frac{K_{2n}}{K_{2n+1}}\right|。\tag{6.10}$$

这个估计数决定了更新循环的衰减程度的上限。

利用多项式(4.6)，还可得到特征方程根的虚数部分的系数 β_j

(记住 $\zeta_j=\alpha_j+i\beta_j$)的近似估计。取二次方程(6.2)并考虑它的两个复数根是共轭的,我们发现

$$(\alpha+\beta i)(\alpha-i\beta)=\alpha^2+\beta^2=\frac{-3!\ K_1}{K_3}, \tag{6.11}$$

所以

$$\beta=\sqrt{-\frac{\sigma K_1}{K_3}-\alpha^2}。$$

考虑半不变量和中心矩之间的上述关系,我们得到

$$\beta=\sqrt{-\frac{\sigma m_1}{\mu_3}-\alpha^2}, \tag{6.12}$$

其中 $\alpha^2=\frac{9}{4}\left(\frac{\sigma^2}{\mu_3}\right)^2$。根据(6.5),我们知道,$\mu_3<0$ 而 $m_1>0$,因此,根号下的式子是正的。①

让我们用 T 表示更新循环的期间,由于 $\beta T=2\pi$,因此, $T=\frac{2\pi}{\beta}$。于是我们发现

$$T=\frac{2\pi}{\sqrt{-\frac{\sigma m_1}{\mu_3}-\alpha^2}}。 \tag{6.13}$$

这是根据一个二次多项式估计的更新循环期间。

可以看出,循环衰减程度$|\alpha|$愈大,T 愈大。其他条件不变,衰减较强的循环比衰减不那么强的循环为长,或者换句话说,衰减弱的循环比衰减强的循环有更大的频率。② 若其他条件不变,m_1

① 由于 $\mu_3=K_8<0$,我们将负号引入公式(6.11)右边。

② 将频率表示为振荡周期的倒数,更新循环频率因而是 1/T。

愈小,即从使用中消除的物件的平均年龄愈小,T 愈大。[①] 物件"寿命"愈长,更新循环愈短。我们可以粗略地说,更新循环的长度(周期)与从使用中消除的物件的平均年龄的平方根成反比。以下的事实可以说明,物件"寿命"愈长,在特定时期内更换的物件数的波动愈有余地。波动频率愈高,更新循环愈短。最后,物件从使用中撤出的年龄的概率分布的绝对偏斜度的增加,也就是$|\mu_3|$的增加与物件"寿命"平均长度 m_1 的减少以同样方式起作用,即它们导致更新循环周期延长。

7. 离散更新过程

更新方程(2.1)右边也可表示为斯蒂耶斯积分的形式,即$f(\tau)d\tau = -dl(\tau)$。于是更新方程取以下形式:

$$N_0(t) = -\int_0^\omega N_0(t-\tau)dl(\tau)。\qquad (7.1)$$

更新方程采取这种形式,可以有更广义的解释,包括连续根和离散的更新过程两方面。

如果更新过程是连续的,存在概率密度 $f(\tau)$,而对于离散过程,变量 τ 只取一个离散值的序列。为简化计,假设这些数值之间的间隔是相等的,因此 τ 取整数值 1,2,3,……在此情况下 $dl(\tau)$ 也以离散方式变化,取 $dl(1)$,$dl(2)$,……$dl(\omega)$值,而对于 $s=1$,2,……ω,$dl(s)=l(s+1)-l(s)$。如 $p_s=-dl(s)$,我们可以把方程(7.1)写成

---

① 注意,公式(6.13)中的$-\frac{\sigma m_1}{\mu_3}$是正的。

$$N_0(t)=\sum_{s=1}^{\omega}N_0(t-s)p_s,\tag{7.2}$$

这是一个离散更新方程。它是线性差分方程(ω 阶),它的解有以下形式:

$$N_0(t)=\sum_{j=1}^{\omega}Q_j(t)\lambda_j^t,\tag{7.3}$$

其中,λ_j 是特征方程的根,而 $Q_j(t)$是多项式 ωt,其次数比根的乘积小1。由于过程的离散性质,变量 t 也只取整数值。特征方程有以下形式:

$$\lambda-p_1\lambda^{\omega-1}-\cdots\cdots-p_{\omega}=0。\tag{7.4}$$

因为,$\sum_{s=1}^{\omega}p_s=1$(消除概率的系数之和),在这个方程的根中,有一个单根 $\lambda=1$,所以(离散)更新函数方程(7.1)的解,可以写成下式:

$$N_0(t)=Q_1+\sum_{j=2}^{\omega}Q_j(t)\lambda_j^t。\tag{7.5}$$

与连续更新函数(3.4)对比,右边的和包含有限数目的成分。①

可以证明,特征方程(7.4)的其余的根,即 $\lambda_2,\lambda_3,\cdots\cdots$都是负数,而且它们的绝对值小于1(唯一例外的是,当所有物件的使用期相同时,$|\lambda_j|=1$)。因此,公式(7.5)中求和号下的各个成分有振荡性质。

借助于对这些公式的解释,这个结果能从公式(3.2)和(3.5)直接得到。和(7.1)相似,我们用斯蒂耶斯积分代替在这些公式中

---

① 这与以下事实有关,物件年龄有个有限的上界 ω。如 $\omega=\infty$,则方程(7.4)变成一个无限次的方程,求和号下的成分数目变为无限。

出现的积分。然后将这些公式对应于现在考虑的离散更新过程。在这些公式中，$e^{\zeta_j}=\lambda_j$，可以从公式(3.4)得到离散更新函数(7.5)。与特征方程(3.2)的实根 $\zeta=0$ 对应的有方程(7.4)的根 $\lambda=1$。在复数根的情况下，$e^{\alpha_j}=|\lambda_j|$，其中 e^{α_j} 是根 ζ_j 的实数部分。设 λ_j 与 α_j 同符号，不考虑所有物件有同样的更新周期的这种特殊情况，$\alpha_j<0$，因而 $e^{\alpha_j}<1$，即 $\lambda_j<0$ 而 $|\lambda_j|<1$。因此，公式(7.5)右边求和号下面的各个成分表示衰减的振荡。

第四章 再生产的均衡条件

再生产过程要求某些商品不断地生产出来，必须更换损耗了的固定资本和耗用的营运资本，以更新生产资料。劳动力的更新要求生产消费资料，称为维持资料。特定数量的商品的生产及其物质形式决定于再生产的要求。而且，除很原始的社会以外，通常都有某些剩余商品被生产出来，它们称为剩余产品。

剩余产品可能包括各种消费资料，它们的数量和质量可能超过维持资料。这些富余的消费资料如何利用决定于再生产过程在其中进行的那个社会制度的性质。在对抗性生产方式的社会制度中，富余的消费资料通常被生产资料所有者阶级、与它有关的社会阶层以及向这些人提供劳务的人们消费掉。在特殊情况下，生产资料的主人可能被迫放弃一定份额的富余消费资料，照顾生产过程中被雇用的人们。在非对抗性生产方式的社会制度中，富余的消费资料由生产者自己和为他们提供劳务的工人们消费。

此外，剩余产品也可能包括某些生产资料，它们超过了更新所需要的生产资料的数量（也可能包括质量），因此生产资料存量增加，并且使扩大再生产（与简单再生产对比，其中剩余产品不包括生产资料）得以进行。扩大再生产过程中发生的生产资料存量的增加称为积累。[①] 生产资料的积累通常使劳动就业增加，以利用富余的生产资料。所以，在扩大再生产中，一部分富余的消费资料必须用作新增劳动力的维持资料。在扩大再生产过程中一部分剩余产品形成生产资料和维持资料两种形式。

生产必须适应更新的要求，而扩大再生产也必须适应生产资料的积累要求。这种适应意味着必须按更换耗用的生产资料以及积累所需的物质形式和数量生产生产资料。所有耗用的生产资料——不论它们是固定资本还是营运资本——必须用新生产的生产资料更换。增加生产资料现有存量的一切生产资料也必须生产出来。还必须生产所雇劳动力以及可能由于积累而增雇的劳动力所需的维持资料。因此，再生产的要求决定着必须生产的商品，决定着它们的数量和它们的物质形式，也决定着具体商品生产中的数量关系（比例）。换句话说，再生产的要求决定着生产过程的物质和数量结构。

如果生产以上述方式适应再生产的要求，我们说再生产过程是均衡的，产出的商品种类和数量恰好是再生产过程需要的。

如果没有这种均衡，某些商品生产得太少或太多，再生产过程就会受到干扰。如果有些生产资料的生产数量不够，这些生产资料计划的积累或更新便不可能，扩大再生产甚至简单再生产也不再可能。如果所需维持资料生产得太少，可能妨碍雇用新增的劳动力，甚至现有劳动力的更换也可能受阻碍。这使扩大再生产或

① “积累”一词我们理解为供将来使用的产品的积累。我们可以积累生产资料（固定资本和营运资本）和消费资料（耐用品，如房屋或家具；易耗品，如食物）。扩大再生产基于生产资料的积累，消费资料的积累与消费结构和它在时间上的分布有关。

简单再生产都成为不可能。在这种情况下,我们说再生产过程中有了薄弱环节,它干扰了再生产的进程。

而如果相对于再生产过程的需要而言,某些商品生产太多,我们说生产有了过剩,再生产过程也要受到干扰。因为,某些商品过剩将使生产不能继续。常见的是在某些商品过剩的同时伴随有其他商品的生产不足,即出现薄弱环节,这就是再生产过程的比例失调。薄弱环节、生产过剩和比例失调,构成了对再生产过程的干扰。再生产过程的模式要想平滑,没有干扰,就必须均衡。

再生产过程的均衡要求商品生产和它们的更换及积累的需要之间有一些等式必须被满足。为了确定这些等式,让我们回忆一下:在生产过程中,人和物的生产要素,也即劳动力和生产资料融合在一起。在特定的技术过程中,在生产的商品数量、具体生产资料和具体劳动的支出之间,有一个确切的数量关系。我们以下面形式表达这个关系:①

$$\begin{pmatrix} Q_1 \\ Q_2 \\ \vdots \\ Q_r \\ L_1 \\ L_2 \\ \vdots \\ L_s \end{pmatrix} \rightarrow P。$$

① 见本卷第二章。

在此例中，$Q_1,Q_2,\cdots\cdots Q_r$ 为具体生产资料（固定资本和营运资本）支出，而 $L_1,L_2,\cdots\cdots L_s$ 表示各种劳动的支出（直接劳动），P 表示产出商品数量（报酬）。

令生产的商品品种数为 n，r 为生产资料的品种数，n－r 为消费资料的品种数，用 $P_1,P_2,\cdots\cdots P_r$ 代表生产的生产资料数量，而用 $P_{r+1},P_{r+2},\cdots\cdots P_n$ 代表生产的消费资料数量，用 Q_{ij} 代表生产第 j 种商品时支出的第 i 种生产资料，用 L_{kj} 代表生产第 j 种商品时支付的第 k 种劳动，并假设有 s 种不同的劳动。支出和产品用物理单位测量并且是流量。这样得出支出和报酬之间的数量关系，用下式引入第 j 种商品：

$$\begin{pmatrix} Q_{1j} \\ Q_{2j} \\ \vdots \\ Q_{rj} \\ L_{1j} \\ L_{2j} \\ \vdots \\ L_{sj} \end{pmatrix} \rightarrow P_j\,(j=1,2,\cdots\cdots n)。$$

由于商品是同时生产的（包括 r 种生产资料和 n－r 种消费资料），上述数量关系可以表示为表 9 的形式。该表称为投入产出平衡表。表中四部分的各栏表示生产数量为 $P_1,P_2,\cdots\cdots P_n$ 的各种商品所需的投入。这些产品分为生产资料和消费资料。前者用指标 1，2，……r 表示，后者则用 r＋1，r＋2，……n 表示。产出商品的

表9 投入产出平衡表(按物理单位)

	生产资料投入	消费资料投入	指定用于生产资料积累的投入	总投入
对生产资料的需求	$Q_{11}, Q_{12}, \cdots\cdots Q_{1r}$ $Q_{21}, Q_{22}, \cdots\cdots Q_{2r}$ …… $Q_{r1}, Q_{r2}, \cdots\cdots Q_{rr}$	$Q_{1,r+1} \cdots\cdots Q_{1n}$ $Q_{2,r+1} \cdots\cdots Q_{2n}$ …… $Q_{r,r+1} \cdots\cdots Q_{rn}$	Q_{1a} Q_{2a} …… Q_{ra}	Q_1 Q_2 …… Q_r
对劳动的需求	$L_{11}, L_{12}, \cdots\cdots L_{1r}$ $L_{21}, L_{22}, \cdots\cdots L_{2r}$ …… $L_{s1}, L_{s2}, \cdots\cdots L_{sr}$	$L_{1,r+1} \cdots\cdots L_{1n}$ $L_{2,r+1} \cdots\cdots L_{2n}$ …… $L_{s,r+1} \cdots\cdots L_{sn}$	L_{1a} L_{2a} …… L_{sa}	L_1 L_2 …… L_s
生产的商品数量	↓ ↓ …… ↓ $P_1, P_2, \cdots\cdots P_r$	↓ …… ↓ $P_{r+1} \cdots\cdots P_n$		

数量在表下部箭头下列出(箭头表示生产过程)。表中各行指出了对各种生产资料和劳动投入的需求。位于四块中的一行的各部分说明生产各种商品(生产资料和消费资料)对某种生产资料或某种劳动的需求。这是生产一定数量商品,也就是将生产维持在一定水平的要求,它是更换耗用的生产资料和维持特定劳动投入的需要,也就是简单再生产的需要。而且,在每一行中(在消费资料投入右边)指出为了生产资料积累(即扩大再生产)的目的对特定生产资料或劳动投入的需要。这些需要分别用以下符号表示:

$Q_{1a}, Q_{2a}, \cdots\cdots Q_{ra}$ 和 $L_{1a}, L_{2a}, \cdots\cdots L_{sa}$,双竖线右边第二列的数量表示某一行所有前面各项之和,因而代表对各种生产资料或劳动投入的联合需要,例如:

$$Q_1 = Q_{11} + Q_{12} + \cdots\cdots + Q_{1r} + Q_{1,r+1} + \cdots\cdots + Q_{1n} + Q_{1a},$$

同样

$$L_1 = L_{11} + L_{12} + \cdots\cdots + L_{1r} + L_{1,r+1} + \cdots\cdots + L_{1n} + L_{1a}。$$

表 9 中所有各项用物理单位测量，并且是流量，它们代表每单位时间（例如每年）的数量。

表内各行中的式子（双横线下面的式子例外）可以相加在一起，因为每一行中各个式子属于同种商品或同种劳动，并且以同一物理单位计量。不过，我们不能把各列中的式子相加，因为每一列包含用不同的物理单位计量的式子，即不同生产资料和不同种类劳动的投入。表下部的数量 $P_1, P_2, \cdots\cdots P_n$ 不是各种投入之和，而是它们的产品，我们用箭头示意。还应当注意，表中各个式子（双竖线右边和双横线下边的式子例外）可以等于 0。所以，如果 $Q_{ij}=0$ 或 $L_{kj}=0$，这意味着在生产第 j 种商品时不需要投入第 i 种生产资料或第 k 种劳动。例如，为了生产钢，无须投入棉花或缝纫劳动。如果指定供积累的投入列中某个式子等于 0，这意味着相应的生产资料或劳动与生产资料的积累无关。如果这一列的所有式子等于 0，就没有生产资料的积累，即简单再生产。

根据表 9，我们可以设立一些方程（或不等式），给出再生产过程的均衡要求。我们称这些方程（或不等式）为平衡条件。对于生产资料我们得到 r 个平衡方程，说明每种资料的生产必须等于对它的需求。例如：

$$P_1 = Q_1$$

$$P_2 = Q_2$$

$$\cdots\cdots$$

$$P_r = Q_r。$$

因为 $Q_1, Q_2, \cdots\cdots Q_r$ 等于相应行在双竖线右边第二列左边的式子之和(表 9),即

$$
\begin{aligned}
P_1 &= Q_{11} + Q_{12} + \cdots\cdots + Q_{1r} + Q_{1,r+1} + \cdots\cdots + Q_{1n} + Q_{1a}, \\
P_2 &= Q_{21} + Q_{22} + \cdots\cdots + Q_{2r} + Q_{2,r+1} + \cdots\cdots + Q_{2n} + Q_{2a}, \\
&\cdots\cdots \\
P_r &= Q_{r1} + Q_{r2} + \cdots\cdots + Q_{rr} + Q_{r,r+1} + \cdots\cdots + Q_{rn} + Q_{ra}。
\end{aligned} \tag{1}
$$

它们是生产资料的平衡方程。一组这些方程简称为生产资料平衡表。这个表说明表 9 中最后一行(双横线下面)的一部分,即生产资料的生产,等于最后一列的一部分(在双竖线右边),即对生产资料的需求。如果这个等式成立,生产资料平衡表即被满足。

以相似方式,我们可得到劳动力平衡表。对于任何一种劳动,其需求不能超过做所涉及的工作的联合能力,即某一种劳动力。我们用 $L_1^{(0)}, L_2^{(0)}, \cdots\cdots L_s^{(0)}$ 代表具体种类劳动力的数量,然后劳动力平衡表以 s 个平衡不等式的形式表示:

$$
\begin{aligned}
&L_1^{(0)} \geqslant L_1, \\
&L_2^{(0)} \geqslant L_2, \\
&\cdots\cdots \\
&L_s^{(0)} \geqslant L_n。
\end{aligned}
$$

由于 $L_1, L_2, \cdots\cdots L_s$ 等于双竖线左边相应一行的各项之和,所以

$$
\begin{aligned}
L_1^{(0)} &\geqslant L_{11} + L_{12} + \cdots\cdots + L_{1r} + L_{1,r+1} + \cdots\cdots + L_{1n} + L_{1a}, \\
L_2^{(0)} &\geqslant L_{21} + L_{22} + \cdots\cdots + L_{2r} + L_{2,r+1} + \cdots\cdots + L_{2n} + L_{2a}, \\
&\cdots\cdots \\
L_s^{(0)} &\geqslant L_{s1} + L_{s2} + \cdots\cdots + L_{sr} + L_{s,r+1} + \cdots\cdots + L_{sn} + L_{sa}。
\end{aligned} \tag{2}
$$

这些是半不等式，如果它们中的任何一个是等式，则某种劳动力的可供数量就会被完全耗尽。不过，如果某个不等式是严格的不等式，即有"＞"号，就会有剩余劳动力在生产过程中未得到使用（它可能在非生产岗位得到就业，或者仍然失业）。

用 $R_1, R_2, \cdots\cdots R_s$ 代表这些剩余劳动力，可以把平衡不等式(2)变换为等式：

$$
\begin{aligned}
L_1^{(0)} &= L_{11} + L_{12} + \cdots\cdots + L_{1r} + L_{1,r+1} + \cdots\cdots + L_{1n} + L_{1a} + R_1, \\
L_2^{(0)} &= L_{21} + L_{22} + \cdots\cdots + L_{2r} + L_{2,r+1} + \cdots\cdots + L_{2n} + L_{2a} + R_2, \\
&\cdots\cdots \\
L_s^{(0)} &= L_{s1} + L_{s2} + \cdots\cdots + L_{sr} + L_{s,r+1} + \cdots\cdots + L_{sn} + L_{sa} + R_s。
\end{aligned} \tag{3}
$$

以此方式，不用不等式，即可得到劳动力的平衡方程。在第 i 种劳动力对于需求不出现剩余的情况下，$R_i = 0$。然而，这些方程不能像生产资料那样，用表 9 的最后一行和最后一列的相应部分的等式形式来表示。

生产资料平衡表和劳动力平衡表可以表示为简化的向量形式。方程系列(1)和(3)的各列可以解释为向量，在方程(1)中分别用 $P_1, Q_1, Q_2, \cdots\cdots Q_n, Q_a$ 表示，在方程(3)中用 $L^{(0)}, L_1, L_2, \cdots\cdots L_n, L_a, R$ 表示。记住，只有当对应的元素相等时，两个向量才相等。[①] 这些方程可以写成压缩形式

$$P = Q_1 + Q_2 + \cdots\cdots + Q_r + Q_{r+1} + \cdots\cdots + Q_n + Q_a \tag{1a}$$

和 $$L^{(0)} = L_1 + L_2 + \cdots\cdots + L_r + L_{r+1} + \cdots\cdots + L_n + L_a。 \tag{3a}$$

以此方式，生产资料平衡表只需用一个方程表示（一个向量方程）。

---

① 见本卷第二章。

同样,劳动力平衡表也可用一个方程表示。

生产资料平衡表还需要一个补充条件。平衡方程(1)或向量方程(1a)决定了为满足再生产要求所需的各种生产资料的产量。不过,为使这种生产成为可能,必须有合适的生产能力。生产资料平衡表应当用相应的生产能力平衡表来补充。我们用 $\hat{P}_1,\hat{P}_2$,……$\hat{P}_r$ 代表生产资料各部门的生产能力,①于是以下不等式得到:

$$\begin{aligned}&\hat{P}_1 \geqslant P_1,\\&\hat{P}_2 \geqslant P_2,\\&\cdots\cdots\\&\hat{P}_r \geqslant P_r。\end{aligned}\tag{4}$$

用 $\hat{R}_1,\hat{R}_2$,……$\hat{R}_r$ 表示未利用的生产能力(它们中有一些或全部可能等于0),我们可以把这些不等式变换为平衡方程,即

$$\begin{aligned}&\hat{P}_1 = P_1 + \hat{R}_1,\\&\hat{P}_2 = P_2 + \hat{R}_2,\\&\cdots\cdots\\&\hat{P}_r = P_r + \hat{R}_r。\end{aligned}\tag{5}$$

还可写成向量方程的形式:

$$\hat{P} = P + \hat{R}。$$

我们将生产能力和它们的未利用部分引入表9,例如,在表的下部另外增加两行,于是生产能力平衡表将在表9中表示出来。为了避免使表太复杂,我们不这样做。但是,应理解只有生产能力

① 见本卷第二章附录。其中生产能力的定义在公式(3.2)中已经指出。让我们记住,生产能力决定于技术设备和在特定时期中它的最大利用时间。

平衡表被满足，表格中的生产资料平衡表才能被满足。

然而，表9和生产资料平衡表(连同生产能力平衡表)以及以它为根据的劳动力平衡表并不表示生产资料生产、直接劳动投入和消费资料生产之间的任何完整联系。表的第二方块表示生产消费资料时用掉的生产资料数量，但是消费资料生产本身在这里不服从任何平衡条件。不过，为了让表中第三和第四两个方块提到的各个种类和数量的劳动出现平衡条件，即要有一定数量的消费资料，构成所需劳动力的必要生存资料。

我们用 $Q_{r+1,i}$，$Q_{r+2,i}$，……Q_{ni} 代表从事 L_{1i}，L_{2i}，……L_{si} 项工作的劳动力，即生产数量为 P_i 的第i种商品中雇用的劳动力生存所必需的各种消费资料的数量。在上述生存资料和劳动力投入之间，其对应关系表示为下列形式：

$$\begin{pmatrix} Q_{r+1,i} \\ Q_{r+2,i} \\ \vdots \\ Q_{ni} \end{pmatrix} \sim \begin{pmatrix} L_{1i} \\ L_{2i} \\ \vdots \\ L_{si} \end{pmatrix}, \qquad (6)$$

即两个向量——必要维持资料向量和劳动投入向量——的对应关系的形式。[①] 这些向量的某些元素可能等于0，即有些消费资料不

① 这个对应关系不是一个等式，两个向量的元素以不同物理单位计算，而且元素数目是不同的。两个向量作为整体之间，而不是它们的各个元素之间成为对应关系。更精确地说，这个对应关系可用以下方式表示：用 $Q_{r+1,ji}$，$Q_{r+2,ji}$，……$Q_{n,ji}$ 表示从事 L_{ji} 工作的劳动力，即在第i种商品生产中第j种劳动投入的必要维持资料的集合(向量)。然后可以得出下列对应关系：

$L_{1i} \sim (q_{r+1,1i}, q_{r+2,1i}, \cdots\cdots q_{n,1i})$，

$L_{2i} \sim (q_{r+1,2i}, q_{r+2,2i}, \cdots\cdots q_{n,2i})$，

成为第 i 种产品的生产中必要维持资料的一部分,或者不使用某些种类的劳动。

将这些对应关系代入表 9,我们得到表 10,它们不表示劳动投入,而表示必要生存资料的投入。①

表 10 称为商品生产及其需求平衡表,它与表 9 的不同之处在于它表示必要维持资料的投入而不是劳动投入(第三和第四栏以及它们右边各项)。而且指定供生产资料积累用的投入(生产资料和必要维持资料两方面)分为两部分:增加生产资料部类中生产资料存量的投入和增加消费资料部类中生产资料存量的投入。前者用符号Ⅰ表示,后者用Ⅱ表示,这种区分对于下面的论述是必要的。最后,在表 10 的下面列出了未利用的生产能力 R_i 和现有总生产能力 P_i,这也将是有用的。

据表 10 我们得出生产资料平衡和消费资料平衡。对于生产资料来说,这些平衡表现为 r 个生产资料方程:

$$
\begin{aligned}
P_1 &= Q_1, \\
P_2 &= Q_2, \\
&\cdots\cdots \\
P_r &= Q_r。
\end{aligned} \tag{7}
$$

……

$L_{si} \sim (q_{r+1,si}, q_{r+2,si}, \cdots\cdots q_{n,si})$,

$(Q_{r+1,i}, Q_{r+2,i}, \cdots\cdots Q_{ni})$。

右边各列中的各项可以相加,因为它们属于同样的消费资料并用同样的物理单位计量。用 $Q_{r+1,i}, Q_{r+2,i}, \cdots\cdots Q_{ni}$ 表示各列各项之和,我们得到正文中的对应关系(6)。

① B. 克拉普考斯基和 A. 克林斯基在《计算生产资料和消费资料价值的问题》中列出了一张相似的表格。该书收入矿冶学院科学丛书,克拉科夫,1961 年版。

表 10 商品生产及其需求的平衡表

	生产资料投入	消费资料投入	指定供积累的生产资料		投入合计	必要维持资料以外的消费资料
			I	II		
对生产资料的需求	Q_{11}，Q_{12}，……Q_{1r} Q_{21}，Q_{22}，……Q_{2r} …… Q_{r1}，Q_{r2}，……Q_{rr}	$Q_{1,r+1}$，……Q_{1n} $Q_{2,r+1}$，……Q_{2n} …… $Q_{r,r+1}$，……Q_{rn}	I Q_{1a} I Q_{2a} …… I Q_{ra}	II Q_{1a} II Q_{2a} …… II Q_{ra}	Q_1 Q_2 …… Q_r	
对消费资料的需求	$Q_{r+1,1}$，$Q_{r+1,2}$，……$Q_{r+1,n}$ …… Q_{n1}，Q_{n2}，……Q_{nr}	$Q_{r+1,r+1}$，……$Q_{r+1,n}$ …… $Q_{n,r+1}$，……Q_{nn}	I $Q_{r+1,a}$ …… I Q_{na}	II $Q_{r+1,a}$ …… II Q_{na}	Q_{r+1} …… Q_n	M_{r+1} …… M_n
产出商品的数量	↓ ↓ ↓ P_1，P_2，……P_r	↓ ↓ P_{r+1}，……P_n				
未利用的生产能力	$\hat{R}_1$，$\hat{R}_2$，……$\hat{R}_r$	$\hat{R}_{r+1}$，……$\hat{P}_n$				
生产能力	$\hat{P}_1$，$\hat{P}_2$，……$\hat{P}_r$	$\hat{P}_{r+1}$，……$\hat{P}_n$				

对于消费资料来说,则表现为 n－r 个不等式:

$$
\begin{aligned}
&P_{r+1} \geqslant Q_{r+1}, \\
&P_{r+2} \geqslant Q_{r+2}, \\
&\cdots\cdots \\
&P_n \geqslant Q_n。
\end{aligned}
\tag{8}
$$

这些方程和不等式右边的数量代表对生产资料和对必要维持资料的总需求(表 10 中双竖线右边出现的和数)。然而,必要维持资料(通常)并不耗尽消费资料的总产量。所以消费资料平衡属于不等式性质。我们利用 M_{r+1},M_{r+2},……M_n 代表各种维持资料的过剩产量。这样消费资料平衡可以写成下列方程式(而不是不等式):

$$
\begin{aligned}
&P_{r+1} = Q_{r+1} + M_{r+1}, \\
&P_{r+2} = Q_{r+2} + M_{r+2}, \\
&\cdots\cdots \\
&P_n = Q_n + M_n。
\end{aligned}
\tag{8a}
$$

在此形式中(右边)清楚地表明了必要维持资料和其他维持资料。①

① 马克思用“奢侈品”一词表示不是必要维持资料的消费资料。见《资本论》第 2 卷,第 448 页,人民出版社,1975 年版。在现行条件下,这个名词可能造成一些误解。在一个发达的工业社会中(社会主义社会或资本主义社会),必要维持资料在经济发展的早期被认为是奢侈品,在今天的日常用语中,有时还认为如此。例如,汽车、书、电视机等,对许多工人而言,是上班或保持、改进职业资格的必要维持资料。而且,马克思(在援引的地方)认为一部分必要维持资料被资本家所得,所以如按照商品的自然性质而不是按照它们在再生产中的功能区别必要维持资料和奢侈品,则这种区分会模糊劳动力更新问题。我们给必要维持资料下的定义纯粹是功能性的,并且包括劳动力更新所需的一切消费资料而不包括其他资料,它们的自然形式是与此无关的事。

我们可在表 10 右边列出数量 M_{r+1}，M_{r+2}，……M_n 以表示消费资料和生产资料的平衡条件得到满足，而第一双横线下面的一行，列出生产数量 P_1，P_2，……P_r，它们是表的最后两列(双竖线右边)之和。通过这种方式，消费资料和生产资料都被包括在平衡表内。

显然，只有具备必要的生产能力，消费资料平衡表才能被满足。我们必须增加生产能力平衡，它现在不仅包括生产资料的生产，而且也包括消费资料的生产。和前面一样，用 P_i 代表生产能力，并用 R_i 代表生产能力的未利用部分，该平衡可表示为 n 个方程的形式：

$$\begin{aligned}\hat{P}_1 &= P_1 + \hat{R}_1,\\ \hat{P}_2 &= P_2 + \hat{R}_2,\\ &\cdots\cdots\\ \hat{P}_n &= P_n + \hat{R}_n,\end{aligned} \tag{9}$$

这些方程包括生产资料和消费资料。

生产能力平衡表在表 10 的下部表示。下部的一行(在第二双横线下面)必须分别等于它们所对应的上面两行之和(即两条双横线之间)。表 10 即用这个方式表示生产资料和消费资料再生产过程中出现的所有平衡条件。

事实是，方程(7)、(8a)和(9)表示的再生产过程的所有平衡条件，以相应各行和各列(或各行各列之和)的等式形式在表 10 中表示出来。把这些行和列称为向量，我们可以用两个向量方程的形式表示平衡条件的总和，即

$$P = Q + M(\text{其中生产资料 } M = 0) \tag{7a,8a}$$

和

$$\hat{P} = P + \hat{R}, \tag{9a}$$

第一个方程表示生产资料和消费资料的联合平衡,即商品生产及其需求的平衡——方程(7a)、(8a)。第二个方程表示生产能力平衡——方程(9a)。

因此,表10指出了整个再生产过程的情况。在一定时期内(例如一年)生产的商品的集合是社会总产品。在表中它在第一双横线下面的一行中表示,而且它包括产出的所有商品的数量,P_1,P_2,……P_n,即向量P。此表指出了社会总产品的结构。列在四栏中的数量Q_{ij}代表社会产品中指定用于更换生产资料和劳动力的部分。这是社会总产品中保证简单再生产需要的部分。这部分适当地分为生产资料和必要维持资料。而且,此表还表示分配供更换用的生产资料和分配必要维持资料供生产资料和消费资料的生产过程之用。此表四个方块右边是剩余产品。它包括Q_{1a}(Ⅰ)和Q_{1a}(Ⅱ)两列以及最后一列M_n。

可以看出,剩余产品可表现为向量和的形式:

$$\overset{\mathrm{I}}{Q}_a + \overset{\mathrm{II}}{Q}_a + M。$$

这个和的前面两个元素代表社会产品中指定用于生产资料积累,即保证扩大再生产的部分。第一个元素指定用于扩大生产资料的生产,第二个元素指定用于扩大必要消费资料的生产。表10指出了每个元素内部分成生产资料和消费资料(必要维持资料)的情况。最后一个元素代表必要维持资料以外的消费资料。再生产过程中不涉及这些资料,它们构成这个过程的剩余(超过扩大再生产的需要)。如果把必要维持资料的消费称为再生产消费,则上述剩余的消费可称为纯消费。

表 10 表明了再生产的结构，它把再生产过程中出现的各个数量分成和数的组成部分(表中各行)或向量的元素(表中各列)。然而，在再生产过程中，产品不断被耗用和更换，而且由于积累的原因生产还会扩大。因此，再生产过程是一个“永远运动”的过程，其中一个数量不断地变换为另一个数量。① 各个物质客体变换着它们的经济功能：它们从再生产过程的最终产品变换为生产资料或必要维持资料；它们从消费资料领域转移到生产资料领域(作为生产资料生产中的必要维持资料)；它们从生产资料领域转移到消费资料领域(作为消费资料生产中的生产资料)；它们从剩余产品的组成部分变换为生产资料和必要维持资料(生产资料的积累)；等等。

为了理解这种“运动”——各种物质客体行使的经济功能的变换，必须把社会经济分成一些部类，也可能分成许多部门和子部门，它们对应于某种物质客体在再生产过程中行使的各种经济功能。所以，我们可以把一个物件行使的功能的变换解释为我们常说的从一个产业到另一个产业的转移或流动。②

① 我们在这里不谈比较例外的缩小再生产的情况。形式上这个情况可以作为特种扩大再生产处理，其中生产资料的积累是一个负数量。

② 重农学派的创始人 F. 魁奈首先以物件从社会经济的一个部门转移到另一个部门的“运动”的形式分析再生产过程。他在 1758 年出版的《经济表及其解释》一书中，阐述了产品在各个社会阶级之间的“流通”以及每个阶级在再生产过程中行使的特定职能。他用一个表格表示这个过程，他称之为经济表。关于魁奈的理论，见马克思的《剩余价值学说史》；J. 沙高斯基的《F. 魁奈的经济学》(华沙，1963 年版)及 V.S. 涅姆钦诺夫的《经济数学方法和模型》(莫斯科，1956 年版)。在《资本论》第 2 卷第 3 篇中，马克思根据产品从生产生产资料的部类转移到生产消费资料的部类，以及反方向的转移，对再生产过程做了详细的分析。马克思首先提出了再生产的均衡条件，并且以数字的和代数的形式表述了它们。马克思据此形成了整个再生产理论。虽然，这个理论在原则上是以对资本主义制度中再生产的研究为依据的，但正像他本人指出的，它有更

在这方面,我们把社会主义经济划分为两个基本部类——生产生产资料的部类和生产消费资料的部类。我们效仿马克思,用Ⅰ和Ⅱ代表这两个部类。马克思说:“这两个部类中每一部类拥有的所有不同生产部门,联合起来都形成一个单一的大的生产部门:一个是生产资料的生产部门,另一个是消费资料的生产部门。”①在再生产过程中,产品从一个部类流向另一个部类,或者像马克思说的,产品在两个部类之间交换。②

广的用途,它的一部分适用于所有社会制度中的再生产过程。见《资本论》第 2 卷,第 493 页和第 545—547 页,人民出版社,1975 年版。马克思在《剩余价值学说史》中,对再生产理论也做了广泛的评论。见他在 1863 年 7 月 8 日给恩格斯的信。信中,他第一次列举了他的再生产理论的原则,并提出一张模仿魁奈的经济表的表格,将两个表做比较。见《马克思和恩格斯〈资本论〉通信》。马克思的再生产理论长时间不为人所知,因为《资本论》第 2 卷直到 1885 年才出版(恩格斯在马克思去世后两年予以发表)。甚至在它出版后,人们也很少注意马克思的再生产理论,直到 19 世纪末才因两件事被人们“发现”。第一件事是在俄国马克思主义者和“民粹派”之间对有无可能创造一个市场经济以促进资本主义生产方式在俄国发展的问题展开辩论。在这次辩论中,列宁基于对马克思再生产图式的分析,于 1893 年发表了“论所谓市场问题”一文,载入《列宁全集》第 1 卷。在这篇论文中,列宁进一步发展了马克思的图式。见 V.S.涅姆钦诺夫的《经济数学方法和模型》第 197—211 页中对这个题目的讨论。第二件事是俄国经济学家 M.杜根 - 巴兰诺夫斯基提出了资本主义作为一个经济制度有无限的发展可能性的主张。见《英国商业循环理论和历史的研究》,彼得堡,1894 年版。杜根 - 巴兰诺夫斯基用马克思再生产图式论证他的主张,从而引起广泛讨论。其中,马克思的再生产理论(特别是它的图式)变成争论中的一个基本工具。关于这些争论的较重要的文献中,值得注意的包括:R.希法亭的《金融资本》,柏林,1947 年版;R.卢森堡的《资本积累》,柏林,1913 年版;O.鲍尔的“资本的积累”,载《新时代》,1913 年版;H.格罗斯曼的《积累和资本主义制度崩溃的规律》,莱比锡,1929 年版。关于马克思的再生产图式的论述,见兰格的《再生产和积累理论》第一、二章,牛津—华沙,1969 年版。马克思的理论构成了再生产过程的一切现代分析的基础。它的主要原理已被讨论这个问题的许多经济学家们,包括距离马克思政治经济学方法甚远的那些人所适应(并被“重新发现”)。这方面也见兰格的文章“政治经济学”,载《大万有百科全书》第 3 卷,第 332 页,华沙,1964 年版。

① 卡尔·马克思:《资本论》第 2 卷,第 439 页,人民出版社,1975 年版。

② 同上书,第 442 页。

为了表示这种交换，我们用展开的形式写出生产资料和消费资料的平衡方程(7)和(8a)，即在这些方程的右边，我们不写 Q_1，而写从表 10 各行得到的各个相应和数。在对元素的顺序做些改变之后，我们得到方程组(10)：

Ⅰ

$$
\begin{aligned}
P_1 &= Q_{11} + Q_{12} + \cdots\cdots + Q_{1r} + Q_{1a} + \\
P_2 &= Q_{21} + Q_{22} + \cdots\cdots + Q_{2r} + Q_{2a} + \\
&\cdots\cdots \\
P_r &= Q_{r1} + Q_{r2} + \cdots\cdots + Q_{rr} + Q_{ra} +
\end{aligned}
$$

$$
\boxed{
\begin{aligned}
&Q_{1,r+1} + \cdots\cdots + Q_{1n} + Q_{1a} ,\\
&Q_{2,r+1} + \cdots\cdots + Q_{2n} + Q_{2a} ,\\
&\cdots\cdots \\
&Q_{r,r+1} + \cdots\cdots + Q_{rn} + Q_{ra} 。
\end{aligned}}
$$

$\updownarrow$　　Ⅱ　　(10)

$$
\begin{aligned}
P_{r+1} &= \boxed{Q_{r+1,1} + Q_{r+1,2} + \cdots\cdots + Q_{r+1,r} + Q_{r+1,a}} \\
P_{r+2} &= \boxed{Q_{r+2,1} + Q_{r+2,2} + \cdots\cdots + Q_{r+2,r} + Q_{r+2,a}} \\
\cdots\cdots &\quad \cdots\cdots \\
P_n &= \boxed{Q_{n1} + Q_{n2} + \cdots\cdots + Q_{nr} + Q_{na}}
\end{aligned}
$$

$$
\begin{aligned}
&+ Q_{r+1,r+1} + \cdots\cdots + Q_{r+1,n} + Q_{r+1,a} + M_{r+1} ,\\
&+ Q_{r+2,r+1} + \cdots\cdots + Q_{r+2,n} + Q_{r+2,a} + M_{r+2} ,\\
&\cdots\cdots \\
&+ Q_{n,r+1} + \cdots\cdots + Q_{n,n} + Q_{n,a} + M_n 。
\end{aligned}
$$

两个部类之间的交换在方程组(10)中表示。第Ⅰ部类把第一个矩形内所示的生产资料转移给第Ⅱ部类,而从第Ⅱ部类得到第二个矩形内所示的消费资料(必要维持资料)。通过这种方式,每个部类能按至今为止的数量继续生产:第Ⅰ部类得到它所雇劳动力必需的维持资料,而第Ⅱ部类得到更换耗用的资料的必要生产资料。可以看出,这种交换是生产过程,即再生产过程继续下去的一个主要条件。没有它,第一部类会没有劳动力的必要维持资料,而第Ⅱ部类会失去生产资料。

我们用以下方式表示这种交换:

$$\overset{\text{Ⅱ}}{\begin{pmatrix} Q_{1,r+1} & Q_{1,r+2} & \cdots\cdots & Q_{1n} & Q_{1a} \\ Q_{2,r+1} & Q_{2,r+2} & \cdots\cdots & Q_{2n} & Q_{2a} \\ \cdots\cdots & & & & \\ Q_{r,r+1} & Q_{r,r+2} & \cdots\cdots & Q_{rn} & Q_{ra} \end{pmatrix}} \leftrightarrow \overset{\text{Ⅱ}}{\begin{pmatrix} Q_{r+1,1} & Q_{r+1,2} & \cdots\cdots & Q_{r+1,r} & Q_{r+1,a} \\ Q_{r+2,1} & Q_{r+2,2} & \cdots\cdots & Q_{r+2,r} & Q_{r+2,a} \\ \cdots\cdots & & & & \\ Q_{n1} & Q_{n2} & \cdots\cdots & Q_{nr} & Q_{na} \end{pmatrix}}。\quad (11)$$

这个公式表示了部门之间流量的均衡条件。如果条件未被满足,则生产不能按现有水平进行。因为,要么第二部类中缺乏生产资料,要么第一部类中缺乏必要维持资料。[①] 这里提出的公式表达了扩大再生产中部门之间流量的均衡条件。如果两边最后一列都是0(这时我们可以不写它),则公式表示简单再生产中流量的均

① 方向相反的箭头符号↔表示交换。我们不能用等号,因为,两个矩形包含用不同物理单位计量的不同产品,甚至两个矩形中的产品品种数通常也不同。马克思用等号是因为其数量用价值单位计量。因此,所有不同产品的集合(向量和矩阵)变换为标量后,它们可以相加,并可对它们的量的方面做比较而不受限制。在第Ⅰ部类和第Ⅱ部类之间的交换中也交换了价值。不过,在我们的考察中,我们完全关心以物理单位计量的物质的产品,我们将在第五章中讨论价值范畴发生作用时商品生产条件下的再生产理论。

衡条件。

部门之间流量的均衡条件可以写成压缩形式。用 $Q_{Ⅰ,Ⅱ}$ 和 $Q_{Ⅱ,Ⅰ}$ 表示(10)中矩形(矩阵)中的内容,并用 $Q_{Ⅰ,Ⅰ}$ 和 $Q_{Ⅱ,Ⅱ}$ 表示矩形之外的数量 Q_{ij} 的集合。我们把方程(10)写成以下形式:

$$\begin{aligned}&\text{第Ⅰ部类}:P_{Ⅰ}=Q_{Ⅰ,Ⅰ}+\boxed{Q_{Ⅰ,Ⅱ}}\\&\qquad\qquad\qquad\swarrow\!\!\nearrow\\&\text{第Ⅱ部类}:P_{Ⅱ}=\boxed{Q_{Ⅱ,Ⅰ}}+Q_{Ⅱ,Ⅱ}+M。\end{aligned}\tag{10a}$$

$P_{Ⅰ}$ 和 $P_{Ⅱ}$ 表示产品集合(向量),它们是生产资料和消费资料。$Q_{Ⅰ,Ⅱ}$ 表示从第Ⅰ部类转移到第Ⅱ部类的生产资料,$Q_{Ⅱ,Ⅰ}$ 表示从第Ⅱ部类转移到第Ⅰ部类的消费资料(必要维持资料)。留在第一部类中供自己需要的生产资料用 $Q_{Ⅰ,Ⅰ}$ 表示,留在第Ⅱ部类中的消费资料用 $Q_{Ⅱ,Ⅱ}$ 表示。最后,M 代表必要维持资料之外的消费资料,我们知道,它们与再生产过程无关。因此除了(11),我们还可得到部门之间流量的均衡条件的一个压缩形式:①

① 再生产过程的均衡所必需的第Ⅰ部类和第Ⅱ部类之间的商品交换只包括 $Q_{Ⅰ,Ⅱ}$ 和 $Q_{Ⅱ,Ⅰ}$,M 发生什么情况无关宏旨。因为再生产过程中不涉及这个数量,它可能被与第Ⅱ部类有关的人们消费掉,或者,它可能都转移给与第Ⅰ部类有关的人们,或者,它可能在这两群人之间任意分配,它对再生产过程的进行没有影响。如果——像我们正在做的这样——我们从物质(自然)形式即作为一个商品再生产过程来研究再生产过程,那么情况就是如此。马克思原则上是把再生产作为价值的再生产来研究的。商品再生产过程是这个过程的组成部分(以自然形式),但是不停留在那里。马克思的第Ⅰ部类中不仅生产商品,而且也生产价值,包括剩余价值。因此,从第Ⅱ部类到第Ⅰ部类的流量也包括一部分 M,即相当于第Ⅰ部类中生产的而不做积累用的剩余价值(在资本主义的条件下,这部分剩余价值被第Ⅰ部类中的资本家们消费掉)。在这些条件下,公式(10a)有以下形式:

$$\begin{aligned}&\text{第Ⅰ部类}:P_{Ⅰ}=Q_{Ⅰ,Ⅰ}+\boxed{Q_{Ⅰ,Ⅱ}+M_{Ⅱ,Ⅰ}}\\&\qquad\qquad\qquad\swarrow\!\!\nearrow\\&\text{第Ⅱ部类}:P_{Ⅱ}=\boxed{Q_{Ⅱ,Ⅰ}}+Q_{Ⅱ,Ⅱ}+M_{Ⅱ,Ⅱ}。\end{aligned}$$

$$Q_{Ⅰ,Ⅱ} \leftrightarrow Q_{Ⅱ,Ⅰ}。 \tag{11a}$$

再生产过程中部门间和部门内的流量可用图12说明。

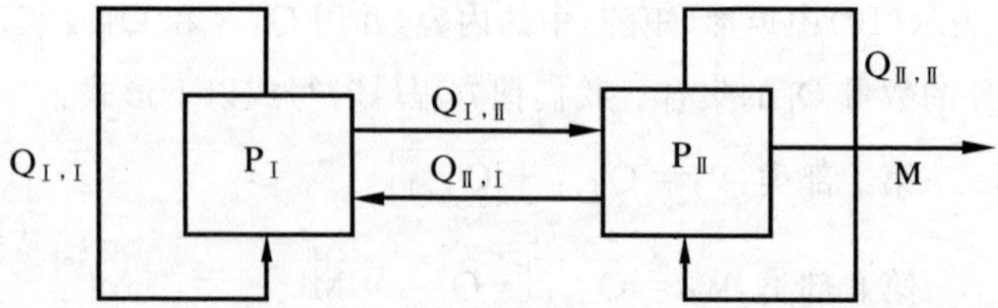

图12　再生产过程的方块图

上图中,方块分别代表生产资料和消费资料的生产(向量$P_Ⅰ$和$P_Ⅱ$)。从一个方块指向另一方块的箭头表示从一个部类到另一个部类的流量($Q_{Ⅰ,Ⅱ}$和$Q_{Ⅱ,Ⅰ}$),而从一个方块回到同一方块的箭头表示保留在某一部类供它自己需要的产品($Q_{Ⅰ,Ⅰ}$和$Q_{Ⅱ,Ⅱ}$)。右边的单向箭头,从第二个方块开始并不再折回来,代表不构成必要生存资料的消费资料M;可以看出这些资料与再生产过程无关。与再生产过程有关的其余数量表现为从一个方块开始并且回到一个方块(同一个方块或另一个方块)的箭头。

图12表示再生产过程是一个耦合作业系统,[①]它的作业元件是各个生产过程。各个元件互相耦合,并有一些反馈。它们在每个部类中的表现形式是留在自己生产过程中作为投入的有关部类

这里$M_{Ⅱ,Ⅰ}$是不构成第Ⅱ部类转移给第Ⅰ部类的必要生存资料的那部分消费资料,而$M_{Ⅱ,Ⅱ}$是第Ⅱ部类中保留的那部分消费资料。

这时公式(11a)采取以下形式:

$$Q_{Ⅰ,Ⅱ} + M_{Ⅱ,Ⅰ} = Q_{Ⅱ,Ⅰ}。$$

这相当于马克思著作中出现的公式。在以后各章中我们将继续研究这个问题。

① 见本卷第一章。

的产品数量。其表现符号是从一个方块出发回到同一方块的箭头。它们代表闭合环。[①] 两个部类之间也有反馈，它包括商品的交换。连接两个方块的箭头方向相反，因此，也代表一个闭合环。在再生产过程中发生这些反馈提示这个过程应当用控制论方法进行分析。这种分析将列在本章的附录中。

产品分为生产资料和消费资料是以这些产品行使的经济功能为根据的，它不唯一地由产品的物质性质（自然形式）决定。就专用劳动工具来说，例如工具和机器，由于它们的物质形式的特点，它们确实属于生产资料那一类，因为它们不具备任何其他用途。在生产过程中起辅助作用的资料情况则不同，许多这类器具可以用作消费资料。运输工具（马车或汽车）可以做生产资料和消费资料。大多数劳动对象，特别是原料，也能用于消费。例如，煤用于公寓取暖，电力在公寓中用于照明或各种家庭目的，石油可用于客车，日常分类中作为消费资料处理的各种化学产品可用作生产资料，在农业中尤其是这样。粮食也可作为种子，马铃薯用作饲料，有时甚至面包也被用来饲养牲畜。通常在家庭中行使耐久消费品功能的许多产品可以用作生产资料，如冰箱，电视机，桌椅等等。

消费资料分为必要生存资料和再生产过程中不行使这种功能的资料，甚至与产品的物质形式关系更少。无疑，我们可以挑出某些生存资料，它们由于自身的物质性质而习惯上不构成劳动力必需的生存资料，例如奢侈食品、奢侈服装、奢侈住房。虽则这也可能决定于地理条件（由于营养来源的差别）和文化条件的差别，不

① 在关于控制论和自动化的文献中使用“闭合环”一词。

过,同样物质形式的产品(例如面包、肉、服装、汽车、书)通常既作为必要生存资料,又作为纯粹消费资料,即与劳动力的更换无关的消费。这决定于一定消费资料被消费的数量和消费它们的人,即取决于这些人是否受雇于生产过程或劳动力更换所必需的活动(例如医疗、各种技术训练等等)。这里的分类完全是功能性的。

可以看出,产品再生产过程中的经济功能和它们的物质形式之间的关系是相当松散的。对生产资料和消费资料分别编制平衡表,又在后者中挑出劳动力的维持资料,这种形式的再生产均衡条件不能用生产过程的物质性质直接表达,在产品按照它们的物质形式分类的统计中也不能得到直接反映。不过,最重要的一点是,功能性分类与生产过程的技术条件无关,后者完全决定于产品的物质性质,而不决定于它们的经济功能。为了把再生产过程的条件和生产的技术条件结合起来,必须考虑产品的物质形式。

为了这个目的,我们假设国民经济包括各个生产部门,每一个部门生产一种(或几种)特定物质性质(特定自然形式)的产品,例如煤、钢、各种机器、运输工具、纺织品、建筑物、粮食、肉、各种化学品、纸等等。令选出部门数为 n,用 X_i 代表第 i 个部门中生产的商品数量(按单位时间生产的物理单位计算)。这个数量我们称为某个部门的总产品。某个部门产品的一部分被用作生产资料,用于更换在一定期间内耗用的生产资料。它可以一部分留在某部门内供它自己需要,而一部分转移到其他部门,这是满足部门对生产资料的需要的规则(例如,煤转移到钢厂、热电厂或铁路)。我们用 X_{ij} 代表第 i 个部门转移到第 j 个部门作为生产资料使用的数量(也包括 $j=i$ 的情况)。我们称 X_{ij} 为再生产投入数量。不作为再生产投入用掉的其余产品称为某部门的最终产品，我们用 Y_i 表示它。可以看出 X_{ij} 和 Y_i 是流量。

对所有生产部门采用同一划分方法，我们得到投入产出流量表（见表11）。

表11　部门间流量平衡表（按物理单位）

再生产投入	最终产品	总产品
$X_{11}, X_{12}, \cdots\cdots, X_{1n}$	Y_1	X_1
$X_{21}, X_{22}, \cdots\cdots, X_{2n}$	Y_2	X_2
……	⋮	⋮
$X_{n1}, X_{n2}, \cdots\cdots, X_{nn}$	Y_n	X_n

表的左边表示每个生产部门转移到其他部门用于再生产目的的产品数量和各部门为此目的留下的产品数量（表中第一部分对角线上的数量 $X_{11}, X_{22}, \cdots\cdots X_{nn}$）。表的这部分通常称为部门间流量矩阵，而整个表称为部门间流量平衡表。① 各个部门的产品

① 部门间流量平衡表是最早在苏联，其后又在其他社会主义国家为国民经济计划工作而设计的。起初，它们以物资平衡表的形式被用于原料和其他生产材料。苏联在编制第一个五年计划过程中（1928—1932），设想了更广泛的投入产出生产平衡表。美国经济学家瓦西里·里昂惕夫发展了这种平衡表的一般理论，特别是把它和生产的技术条件联系起来的平衡表的数学的解释，并于1941年在《1919—1930年美国经济的结构》一书（纽约，1953年版）中，提出了这个理论。在此之前的1937年，他已在《经济统计评论》中发表了一篇关于这个题目的论文。值得注意的是，第一篇包含部门间流量的基本概念的论文是里昂惕夫于1925年以“苏联国民经济平衡表”为题目在苏联的《计划经济》期刊第12期上发表的。里昂惕夫那时在苏联生活。以后他在美国发展了他的理论。部门之间流量方法被里昂惕夫称为投入产出分析。以英语表达的这个名词在各国得到了广泛的应用。以后，部门间流量分析、部门间平衡表等名词，也得到了应用。今天，这个方法在资本主义和社会主义两类国家都被广泛应用。在后一类国家中，它愈来愈和国民经济计划工作实践相联系。关于部门间流量法产生和发展的历史

由它们的物质形式决定,并在原则上既可用作生产资料,又可用作消费资料。如果 i 部门的产品不在 j 部门中作为生产资料使用,即 $X_{ij}=0$;如果产品完全不作为生产资料使用,即完全用于消费目的,则部门间流量矩阵中整个相应的一行都是 0,而全部总产品是一种最终产品。最终产品 Y_n 可以用于消费或用于生产,或用于两种目的。如果最终产品或它的一部分用于生产,生产资料发生积累,因为生产资料更换的需要已被再生产投入 X_{ij}满足。当某种产品完全用作生产资料时,全部最终产品构成生产资料的积累。①

可以看出,表 11 也包括产品完全行使生产资料或消费资料的经济功能的情况,但它不是只限于这些情况。把可以用作生产资料和消费资料的总产品分成构成生产资料的部分和构成消费资料的部分,我们可以把表 11 变换为表 9 的上部(即表中不包含劳动投入的那部分)。于是可以按照产品的经济功能改变它们的分类。

部门间流量矩阵的各列代表了生产某种商品所用的各种生产资料投入。然而,表 11 各列中的各项不能相加,因为它们代表用不同物理单位表示的数量。但是各行中的各项(直到双竖线为止)可以相加,它们的和就是各个部门的总产品(列于双竖线之右)。这

背景以及它在各种社会制度中推广的重要性,见兰格的《政治经济学》第一卷。作者又在《经济计量学导论》,第三章,华沙,1966 年版中,和《再生产和积累理论》第三章中,指出了部门间流量理论的入门。另见 R.道夫曼、P.A.萨缪尔森和 R.M.索洛的《线性规划和经济分析》第九和第十章,纽约,1958 年版;W.B.钱纳里和 P.S.克拉克的《产业间经济学》,纽约,1959 年版;山田勇的《产业间分析理论和应用》,东京,1961 年版;V.S.涅姆钦诺夫的《经济数学方法和模型》第八章,以及 T.捷柯夫斯基的《部门间流量分析的数学导论》,华沙,1958 年版。

样相加产生以下方程：

$$
\begin{aligned}
X_1 &= X_{11} + X_{12} + \cdots\cdots + X_{1n} + Y_1, \\
X_2 &= X_{21} + X_{22} + \cdots\cdots + X_{2n} + Y_2, \\
&\cdots\cdots \\
X_n &= X_{n1} + X_{n2} + \cdots\cdots + X_{nn} + Y_n。
\end{aligned}
\tag{12}
$$

这些方程称为分部门的平衡表。它们表示分部门的再生产过程的均衡条件。

方程(12)也可写成向量形式。我们用 X 代表总产品向量(即集合),用 Y 代表最终产品的向量,并用 X_{ij} 代表再生产投入向量。[①] 这些向量分别代表社会总产品、社会最终产品和再生产投入(都分部门)。我们把方程组(12)写成一个方程的形式：

$$X = X_{ij} + Y。 \tag{12a}$$

用方程(12a)表示的再生产过程也可用一个方块图表示(图13),方块代表分成两部分的社会总产品,一部分是不再回到方块的社会最终产品,[②]另一部分是回到方块的社会再生产投入。可以看到再生产过程中有反馈(闭环),即一种再生产投入回到生产

① 这些向量有以下形式：

$$X = \begin{pmatrix} X_1 \\ X_2 \\ \vdots \\ X_n \end{pmatrix}, \quad Y = \begin{pmatrix} Y_1 \\ Y_2 \\ \vdots \\ Y_n \end{pmatrix}, \quad X_{ij} = \begin{pmatrix} X_{11} + X_{12} + \cdots\cdots + X_{1n} \\ X_{21} + X_{22} + \cdots\cdots + X_{2n} \\ \cdots\cdots \\ X_{n1} + X_{n2} + \cdots\cdots + X_{nn} \end{pmatrix}。$$

② 这里假设为简单再生产。在扩大再生产中,社会最终产品 Y 的一部分转入生产资料积累而回到方块。我们将在下一章考察这个问题。

过程的那部分社会产品。这种过程可用控制论分析法讨论。①

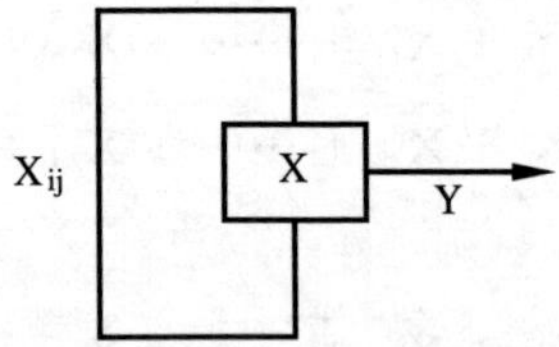

图13　分部门再生产的方块图

第四章附录　再生产理论的控制论图式*

1. 简单再生产图式

本章将用控制论分析和解释马克思的再生产图式。我们先从整个国民经济的角度来考察这个问题,然后再把国民经济分为两部分。最后,我们按广义形式,假设国民经济分为几个部门来考察。

用价值单位表示的总产值 X 可以表示为三个成分之和:

$$X = c + (v + m), \tag{1.1}$$

第一个成分 c 代表生产数量为 X 的产品所需的生产资料支出量,而(v + m)之和是直接劳动支出。②

将由公式

---

① 见本章附录。

* 本附录为兰格的《经济控制论》的一部分,牛津—华沙,1970年版。

② 直接劳动支出划分成 v 和 m 两部分,在这里无关宏旨。

$$a_c = \frac{c}{X} \text{ 和 } a_{v+m} = \frac{v+m}{X} \tag{1.2}$$

（其中 $a_c + a_{v+m} = 1$）所指明的生产资料和直接劳动支出系数引入我们的考察，则公式（1.1）可表现为以下形式：

$$X = a_c X + (v+m) \text{ 或 } \quad (1-a_c)X = v+m,$$

所以

$$X = \frac{1}{1-a_c}(v+m)。 \tag{1.3}$$

公式（1.3）代表形成价值的过程，从中可明显地看出在此过程中存在某种反馈关系。形成价值的过程确实可以表示为以下控制论方块图的形式。

从图 14 可知，直接劳动 v + m 变换为产品 X，这个恒等变换用符号 1 表示。在某种意义上，受控系统包括一个控制器，它有一个比例操作元件 a_c，其存在是由于产品 X 的一部分必须用来更换耗用的生产资料这个事实。在这种受控系统中发生的变换用公式（1.3）表示。

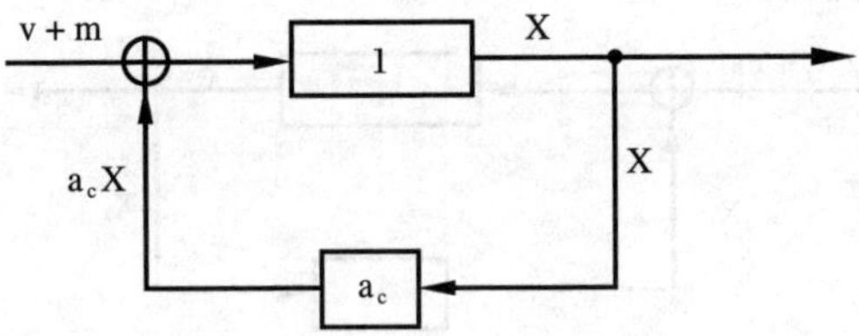

图 14　形成价值的过程方块图

假设国民经济分为两大部类：第Ⅰ部类生产生产资料，第二部类生产消费资料。我们以下列公式表示国民经济各部类的产值：

$$X_1 = c_1 + (v_1 + m_1) = a_{1c}X_1 + (v_1 + m_1),$$
$$X_2 = c_2 + (v_2 + m_2) = c_2 + a_{2(v+m)}X_2 。 \tag{1.4}$$

在公式(1.4)中,a_{1c} 代表第Ⅰ部类中的生产资料支出系数,而 $a_{2(v+m)}$ 代表第Ⅱ部类中的直接劳动支出系数。简单再生产的著名的均衡条件是

$$c_2 = v_1 + m_1 。 \tag{1.5}$$

这个条件意味着第Ⅱ部类从第Ⅰ部类取得的生产资料的价值即 $v_1 + m_1$,必须等于从第Ⅱ部类转移给第Ⅰ部类的消费资料的价值,即 c_2。① 从公式(1.4)我们得到所生产的生产资料和消费资料总数量的变换了的公式:

$$X_1 = \frac{1}{1 - a_{1c}}(v_1 + m_1),$$
$$X_2 = \frac{1}{1 - a_{2(v+m)}}c_2 。 \tag{1.6}$$

它符合图15中第Ⅰ部类方块表示的变换,和图16中第Ⅱ部类方块表示的变换。

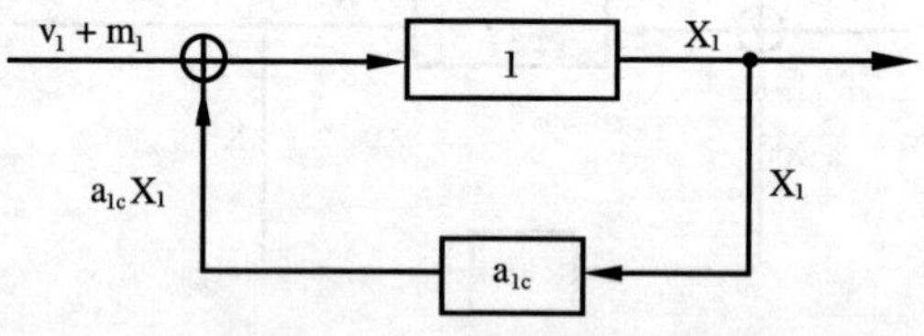

图15　第Ⅰ部类变换形式图

① 兰格的《再生产和积累理论》中可以找到关于这个问题的详细分析。

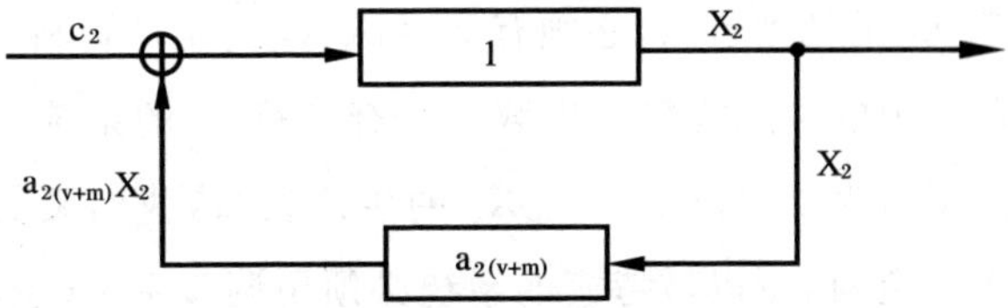

图 16　第Ⅱ部类变换形式图

根据公式(1.6)我们计算两部类中总产品的价值的比例。考虑均衡条件(1.5),并考虑到

$$a_{2c}+a_{2(v+m)}=\frac{c_2}{X_2}+\frac{v_2+m_2}{X_2}=1,$$

我们得到

$$\frac{X_1}{X_2}=\frac{1-a_{2(v+m)}}{1-a_{1c}}=\frac{a_{2c}}{1-a_{1c}},$$

因此,

$$X_1=\frac{a_{2c}}{1-a_{1c}}\cdot X_2。\tag{1.7}$$

变换(1.7)也可用图 17 的方块形式来表示。从经济学的角度,这个图可以解释如下:

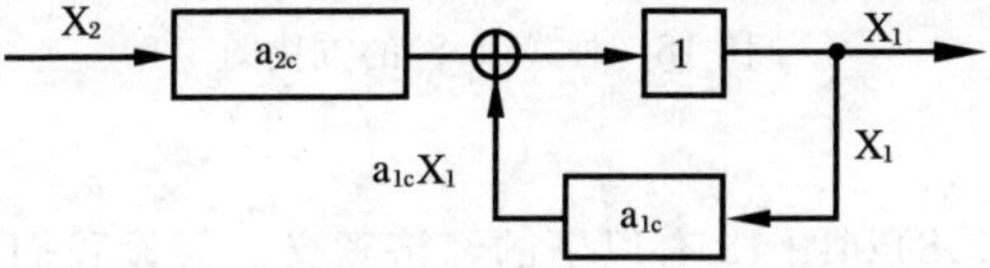

图 17　公式(1.7)的方块图

假如我们想生产数量为 X_2 的消费资料,并希望知道为了简单再生产过程中达到均衡,以便完成计划所需生产资料的数量。

为了生产 X_2 的消费资料,必须有 $c_2 = a_{2c}X_2$ 的生产资料,其中 a_{2c} 是第Ⅱ部类中的生产资料支出数。在有算符 a_{2c} 的系统中进行这个变换。不过为了生产 $c_2 = a_{2c}X_2$ 的生产资料,我们又需要一定数量的生产资料,所以被考察的系统必须用调节系统(控制器)串联反馈连接,根据公式(1.7),调节系统的算符等于 $a_{1c} = \frac{c_1}{X_1}$,即等于第Ⅰ部类中生产资料的支出系数。

用与前面相似的方式,可以得到第Ⅱ部类中总产值对第Ⅰ部类中总产值的比值:

$$\frac{X_2}{X_1} = \frac{a_{1(v+m)}}{1 - a_{2(v+m)}},$$

因而

$$X_2 = \frac{a_{1(v+m)}}{1 - a_{2(v+m)}}X_1 。\tag{1.8}$$

变换式(1.8)的对应方块图见图 18。

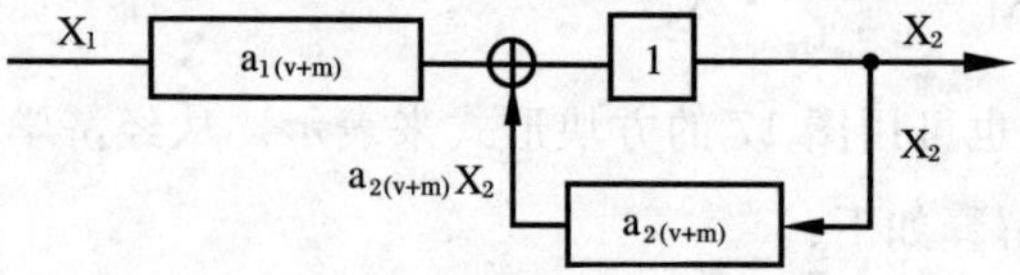

图 18 公式(1.8)的方块图

公式(1.8)和图 18 有以下的经济意义。假设我们正在生产数量为 X_1 的生产资料,并且希望决定实现这个计划所需的消费资料的数量。为了生产数量为 X_1 的生产资料,需要数量为 $v_1 + m_1 = a_{1(v+m)}X_1$ 的消费资料。但是,为了生产这些消费资料,又必须增加消费资料的数量。所以,在一个受控系统中出现一个根据反馈关系工作的调节系统，其算符等于 $a_{2(v+m)} = \frac{v_2 + m_2}{X_2}$，它是第Ⅱ部类中的直接劳动支出系数。

2. 扩大再生产图式

现在我们将讨论扩大再生产图式的控制论分析。与第一节相似，假设国民经济分为两个部类，马克思的扩大再生产图式可写成以下形式：

$$\begin{aligned} c_1 + v_1 + m_{1c} + m_{1v} + m_{1o} &= X_1, \\ c_2 + v_2 + m_{2c} + m_{2v} + m_{2o} &= X_2。 \end{aligned} \tag{2.1}$$

上面第一个公式中，m_{1c} 和 m_{1v} 代表第Ⅰ部类的剩余产品价值[①]中，指定用于增加生产资料存量和在生产中雇用追加劳动的部分，而 m_{1o} 代表第Ⅰ部类的剩余产品价值中，供非生产性消费的部分。数量 m_{2c}、m_{2v} 和 m_{2o} 应用类似方法解释。公式(2.1)中其余变量与前一节中的意义相同。

把公式(2.1)左边出现的各个成分按以下次序排列：

$$\begin{aligned} c_1 + m_{1c} + \boxed{v_1 + m_{1v} + m_{1o}} &= X_1, \\ &\updownarrow \\ \boxed{c_2 + m_{2c}} + v_2 + m_{2v} + m_{2o} &= X_2。 \end{aligned} \tag{2.1a}$$

上面这两个公式中，和数 $c_1 + m_{1c}$ 代表第Ⅰ部类对生产资料的总需要，而 $v_1 + m_{1v} + m_{1o}$ 之和代表第Ⅰ部类对消费资料的总需

① 使用“剩余产品价值”一词，使公式(2.1)及以后的公式对社会主义和资本主义经济都能成立。

要。从公式(2.1a)的形式,我们能导出已知的扩大再生产过程的均衡条件:

$$c_2 + m_{2c} = v_1 + m_{1v} + m_{1o}。 \tag{2.2}$$

它意味着第Ⅱ部类对生产资料的需要 $c_2 + m_{2c}$ 等于第Ⅰ部类对消费资料的需要,后者供给已雇用的和增加雇用的工人们 $v_1 + m_{1v}$ 的数量,以及将剩余产品价值中的一部分 m_{1o} 供给非生产性消费。

引入第Ⅰ部类生产资料支出系数 $a_{1c} = \frac{c_1}{X_1}$,第Ⅰ部类生产资料积累系数 $\alpha_{1c} = \frac{m_{1c}}{X_1}$,第Ⅱ部类直接劳动支出系数 $a_{2v} = \frac{v_2}{X_2}$,第Ⅱ部类可变资本积累(即扩大就业用的消费资料)系数 $\alpha_{2v} = \frac{m_{2v}}{X_2}$,和第Ⅱ部类中剩余产品价值中非生产性消费部分与产值的比率 $\alpha_{2o} = \frac{m_{2o}}{X_2}$,公式(2.1a)也可以用不同方式表示:

$$\begin{aligned} a_{1c}X_1 + \alpha_{1c}X_1 + v_1 + m_{1v} + m_{1o} &= X_1, \\ c_2 + m_{2c} + a_{2v}X_2 + \alpha_{2v}X_2 + \alpha_{2o}X_2 &= X_2。 \end{aligned} \tag{2.1b}$$

因此,可得到

$$\begin{aligned} X_1 &= \frac{1}{1-(a_{1c}+\alpha_{1c})}(v_1 + m_{1v} + m_{1o}), \\ X_2 &= \frac{1}{1-(a_{2v}+\alpha_{2v}+\alpha_{2o})}(c_2 + m_{2c})。 \end{aligned} \tag{2.3}$$

公式(2.3)也可用图 19 和图 20 那样的方块图分别表示第Ⅰ和第Ⅱ部类中产品价值形成的过程。

从图 19 可知 $v_1 + m_{1v} + m_{1o}$ 之和被恒等地变换为第Ⅰ部类的产值。这个产值的一部分留在该部类,并且从公式(2.3)的第一式

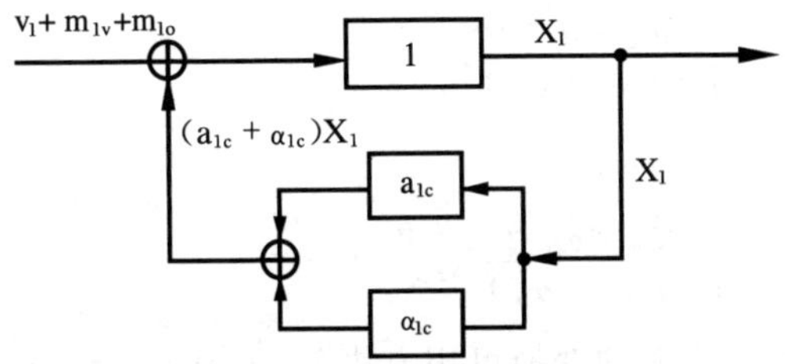

图 19　第Ⅰ部类中价值形成的过程

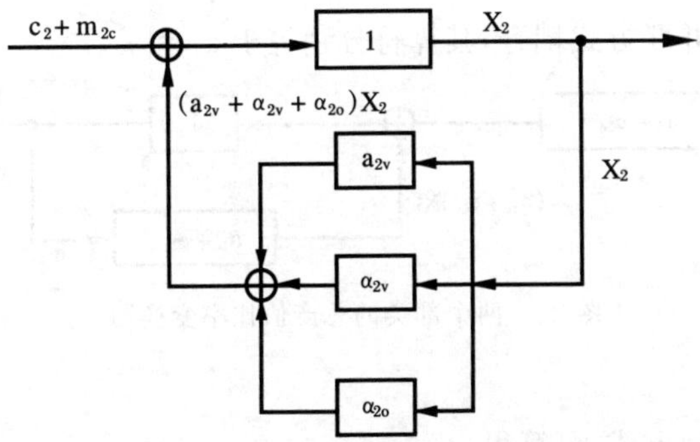

图 20　第Ⅱ部类中价值形成的过程

可知，这里进行的变换，相当于以并联方式连接两个调节系统的反馈关系，它们的比例算符是 a_{1c} 和 α_{1c}。

同样，我们可以说明图 20 中表示的调节系统的操作，只是这里有用并联方式连接的三个调节系统，其算符是 a_{2v}、α_{2v} 和 α_{2o}。

从公式(2.3)能计算第Ⅰ部类总产值对第Ⅱ部类总产值的比率。考虑扩大再生产过程的均衡条件(2.2)并考虑到 $1-(a_{2v}+\alpha_{2v}+\alpha_{2o})=a_{2c}+\alpha_{2c}$，我们得到：

$$\frac{X_1}{X_2}=\frac{a_{2c}+\alpha_{2c}}{1-(a_{1c}+\alpha_{1c})},$$

因此,

$$X_1=\frac{a_{2c}+\alpha_{2c}}{1-(a_{1c}+\alpha_{1c})}X_2。\tag{2.4}$$

公式(2.4)指明的变换可用方块图21表示。注意在此图中有算符 $a_{2c}+\alpha_{2c}$ 的受控系统可以用以并联方式耦合的两个系统代替,其算符分别等于 a_{2c} 和 α_{2c}。同样,有算符 $a_{1c}+\alpha_{1c}$ 的,可以用两个控制器以并联方式耦合,其算符分别等于 a_{1c} 和 α_{1c}。

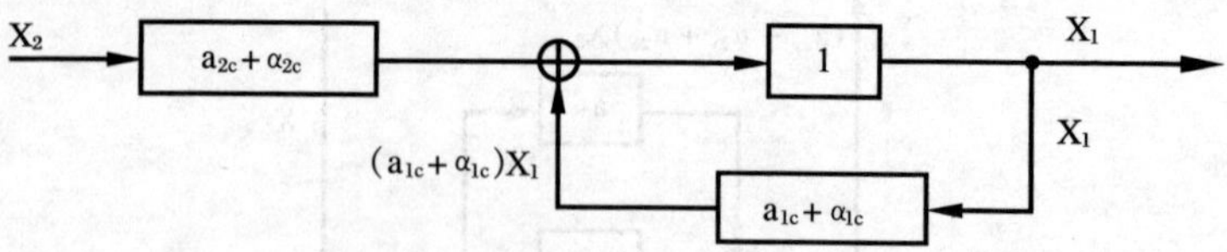

图21 两个部类的总产值比率变换图

用类似方式,可算得

$$X_2=\frac{a_{1v}+\alpha_{1v}+\alpha_{1o}}{1-(a_{2v}+\alpha_{2v}+\alpha_{2o})}X_1,\tag{2.5}$$

这个变换也可用方块图表示。公式(2.4)和(2.5)的相应方块图的经济解释,与前一节公式(1.7)和(1.8)的解释相似。

最后让我们注意代表简单再生产的公式(1.7)和(1.8)是扩大再生产公式(2.4)和(2.5)的特例。为了证实这一点,假设在公式(2.4)和(2.5)中积累系数等于0就够了。

我们已用这个方式说明,简单再生产和扩大再生产图式可用控制理论的基本公式来解释。这并不奇怪,因为在这些图式中出现了控制过程的反馈特性。因此,我们可以看到,不仅国民经济支出意义上的国民收入的凯恩斯理论借此形成，而且马克思的再生产图式也可根据一般控制理论来解释和分析。

3. 多部门再生产图式

现在，我们要讨论在国民经济分为几个部门的情况下，再生产过程的控制论分析。

相当于这个情况的投入产出如下表：

X_1	$c_{11}, c_{12}, \cdots\cdots c_{1n}$	Y_1
X_2	$c_{21}, c_{22}, \cdots\cdots c_{2n}$	Y_2
$\vdots$	$\cdots\cdots$	$\cdots\cdots$
X_n	$c_{n1}, c_{n2}, \cdots\cdots c_{nn}$	Y_n
v	$v_1, v_2, \cdots\cdots v_n$	
m	$m_1, m_2, \cdots\cdots m_n$	
	$X_1, X_2, \cdots\cdots X_n$	

在此表中，$X_1, X_2, \cdots\cdots X_n$ 表示各部门总产值；$c_{ij}(i, j = 1, 2, \cdots\cdots n)$ 表示从 i 部门到 j 部门的生产资料流量价值；$Y_1, Y_2, \cdots\cdots Y_n$ 是各部门中的最终产品；$v_1, v_2, \cdots\cdots v_n$ 是劳动支出；$m_1, m_2, \cdots\cdots m_n$ 是国民经济各部门中得到的剩余产品价值。

根据部门间流量表，可得（表中各行合计）以下产品分配平衡方程：

$$X_i = c_{i1} + c_{i2} + \cdots\cdots + c_{in} + Y_i (i = 1, 2, \cdots\cdots n), \quad (3.1)$$

而（表中各列合计）生产支出平衡方程是

$$X_i = c_{1i} + c_{2i} + \cdots\cdots + c_{ni} + v_i + m_i (i = 1, 2, \cdots\cdots n), \quad (3.2)$$

用 c_i 代表后一个方程中 $c_{1i}+c_{2i}+\cdots\cdots+c_{ni}$ 之和,得以下方程:

$$X_i=c_i+v_i+m_i(i=1,2,\cdots\cdots n)。\tag{3.2a}$$

这与马克思的图式中出现的方程属于同一类型。设方程式(3.1)和(3.2)的右边相等,我们得到部门间的流量均衡方程,它们与马克思[①]得出的再生产过程的均衡方程等价。

为了使进一步的考察简化,我们引入由公式

$$a_{ij}=\frac{c_{ij}}{X_i}\quad(i,j=1,2,\cdots\cdots n)$$

决定的生产资料支出系数。生产支出平衡方程可以写成以下形式:

$$X_i=a_{1i}X_i+a_{2i}X_i+\cdots\cdots+a_{ni}X_i+v_i+m_i(i=1,2,\cdots\cdots n)。\tag{3.3}$$

因此可得到

$$X_i=\frac{1}{1-(a_{1i}+a_{2i}+\cdots\cdots+a_{ni})}(v_i+m_i)(i=1,2,\cdots\cdots n)。\tag{3.4}$$

如果用 a_i 表示 $a_{1i}+a_{2i}+\cdots\cdots+a_{ni}$ 之和,则公式(3.4)可变换为

$$X_i=\frac{1}{1-a_i}(v_i+m_i)\quad(i=1,2,\cdots\cdots n)。\tag{3.5}$$

这些公式与公式(1.6)类似,后者相当于从马克思简单再生产图式得到的变换。

公式(3.4)表示的变换可以表示为图 22 的方块形式。在画这

① 在兰格的《经济计量学导论》,牛津—华沙,1967 年版,以及他的《再生产和积累理论》,牛津—华沙,1969 年版中,能找到关于部门间流量和多部门再生产图式理论的详细介绍。

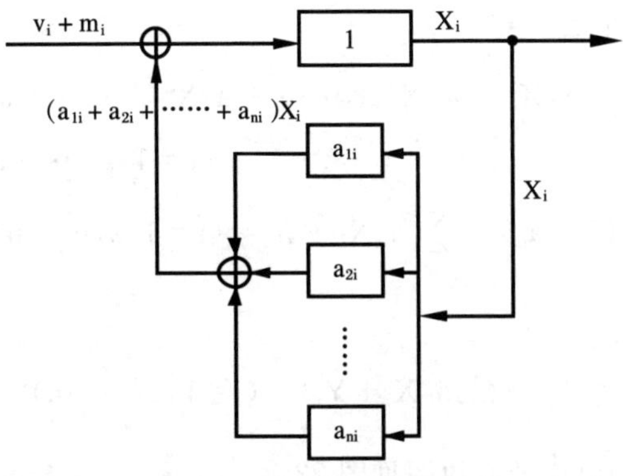

图 22　公式(3.4)的方块图

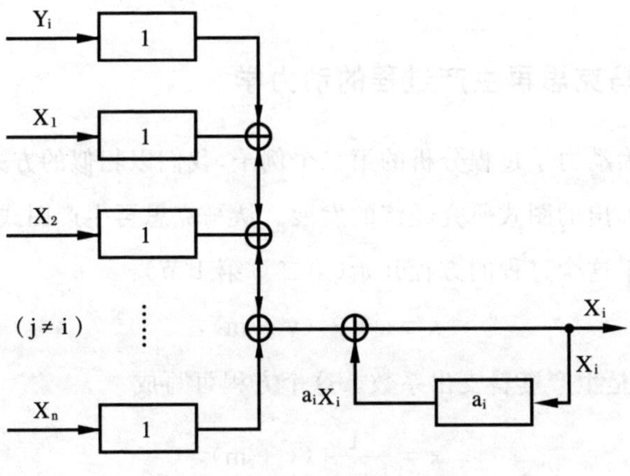

图 23　公式(3.7)的方块图

张图时，我们利用关于算符之和的定理，它可以解释为各基本系统的并联耦合（第一章第 6 节）。

现在讨论产品分配平衡方程，在它们中引入支出系数之后，它

们成为以下形式:

$$X_i = a_{i1}X_1 + a_{i2}X_2 + \cdots\cdots + a_{ii}X_j + \cdots\cdots + a_{in}X_n + Y_i \quad (i=1,2,\cdots\cdots n), \tag{3.6}$$

$$X_i(1-a_{ii}) = \sum_{j\neq 1} a_{ij}X_j + Y_i \quad (i=1,2,\cdots\cdots n),$$

因此,

$$X_i = \frac{1}{1-a_{ii}}(\sum a_{ij}X_j + Y_i) \quad (i=1,2,\cdots\cdots n)。 \tag{3.7}$$

与方程(3.7)对应的方块图见图23。

受控过程的动力学

4. 马克思再生产过程的动力学*

作为动力学过程分析的第二个例子,我们以相似的方式,按照马克思提出的图式研究经济的发展。从马克思再生产图式中出现的相当于这个过程的方程开始(第二章第1节):

$$x = a_c x + (v + m), \tag{4.1}$$

其中 a_c 是生产资料支出系数。这个方程可写成

$$x = \frac{1}{1-a_c}(v + m), \tag{4.1a}$$

数量 x、v 和 m 以价值单位或价格表示。

为研究再生产的动力学,在我们所考察的方程(4.1)中,必须引入时间元素,即必须给数量以"日期"。引入表示时间指标的 t,

---

* 兰格的《经济控制论导论》的片段,第77—80页。

为了简化，取一年为一单位时期。我们假设某年的生产资料支出 $a_c x_{t-1}$ 与前一年的生产成比例。方程便采取如下形式：

$$x_t = a_c x_{t-1} + (v_t + m_t), \tag{4.2}$$

这意味着 t-1 年的生产决定着 t 年用掉的生产资料数量。换言之，某一年用掉的生产资料数量（即转移给产品的生产资料价值）是前一年生产的某个固定比例（$0 < a_c < 1$）。

我们用迭代法求解差分方程(4.2)。为了简化，我们假设每年直接劳动支出 $v_t + m_t$ 是常数，而且和初始年度的支出，即 $v_0 + m_0$ 相同。并且假设在初始年度没有生产资料，于是我们得到以下方程组表示以后各年的产值：

$$x_0 = v_0 + m_0,$$

$$x_1 = a_c x_0 + (v_0 + m_0) = (v_0 + m_0) \cdot (1 + a_c),$$

$$x_2 = a_c x_1 + (v_0 + m_0) = (v_0 + m_0) \cdot (1 + a_c + a_c^2),$$

……

一般的形式为

$$x_t = a_c x_{t-1} + (v_0 + m_0) = (v_0 + m_0) \cdot (1 + a_c + a_c^2 + \cdots\cdots + a_c^t)。 \tag{4.3}$$

从(4.3)式可知，如果 $|a_c^i| < 1$（在这里，由于 $0 < a_c < 1$，情况正是如此），则所研究的过程趋向均衡。因此

$$\lim_{t \to \infty} x_t = (v_0 + m_0) \cdot \frac{1}{1 - a_c}。 \tag{4.4}$$

按照这种方式，马克思的再生产过程在时间上的模式可制成一幅图。出现在公式(4.4)中的反馈算符 $\frac{1}{1 - a_c}$，是产品价值对直

接劳动支出的比率。因为$0<a_c<1$,故$\frac{1}{1-a_c}>1$。因此,这个算符是一个扩大器,表示生产资料的耗用所导致的产品价值(相对于直接劳动支出)的增加。

和第一个例子相似,对这个过程的动力学研究可以简化。我们可假设有一个产值 $\hat{x}_t=\frac{v_0+m_0}{1-a_c}$,对应于均衡状态

$$\bar{x}_t = x_t - \hat{x}_t = x_t - \frac{v_0+m_0}{1-a_c}。\tag{4.5}$$

在变换之后,和以前相似,我们得到以下简化(齐次)式的差分方程:

$$\bar{x}_t = a_c\bar{x}_{t-1}。\tag{4.6}$$

这个方程的解是

$$\bar{x}_t = a_c^t\bar{x}_0。\tag{4.7}$$

从方程解(4.7)可知,如果因为$0<a_c<1$,过程是稳定的,则与均衡状态的偏差自我消除。马克思的再生产过程可以和以凯恩斯乘数为基础的国民收入形成过程取相似方式,我们用图 24 来说明。

我们接受的,关于直接劳动支出 v_0+m_0 的稳定性的假设是不必要的。甚至用图解法也可以证明,当直接劳动支出年年变化的时候,分析的基本结果不改变。因而如图 24 所示,在相应的图形中,代表产值 $x_t=a_cx_{t-1}+(v_t+m_t)$ 的直线,即使$0<a_c<1$,将不平行于代表生产资料支出 $x_t=a_cx_{t-1}$ 的直线,过程将趋向均衡。与 t 年生产对应的线不一定是直线,但是它应与通过坐标系原点的直线相交,并且它对 x 轴正方向的斜率是 45°。

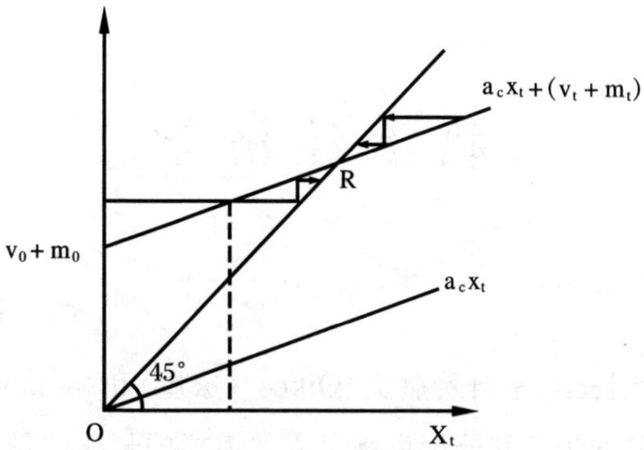

图 24　马克思的再生产过程在时间上的模式

政治经济学

政治经济学〔来自希腊文“Oikos”(家屋)和“nomos”(秩序)〕是决定物品的生产和分配以满足人类需要的规律的科学。生产,即为了满足这些需要而制造物品,并把这些物品在社会成员中分配,一般称为经济活动,或者比较狭义地称为管理。这就是人们常说政治经济学是经济活动或管理的科学的原因(在这里,它是生活在社会中的人所进行的经济活动的问题)。生产是在人与人之间互相协作的条件下进行的,不仅涉及协作,而且也涉及分工。分工在本质上是社会行动。管理的社会性质意味着管理方法是历史发展的产物。决定生产和分配的规律也有历史的性质。各种经济规律的历史范围不同:有些规律作用于社会发展的一切(或者几乎一切)阶段,有些规律的历史范围则很窄。但是首要的规律是某些社会和经济制度特有的规律,如封建主义、资本主义和社会主义。政治经济学从它们的历史范围来研究这些规律。它设法比较具体地阐明历史形成的各种生产方法的运行以及和它们相对应的社会制度。为此,它运用所有经验科学所应用的方法:在经验基础上的抽象,逐步具体化,使这种抽象的结果更接近实际,以及通过将结果与经济生活的实践对照来验证。在政治经济学中,经验具有历史性质,因而抽象导致将历史材料逻辑概括为经济范畴和规律。这种概括反映了通过社会过程的内部矛盾的发展的辩证性质。政治经济学为自己提出研究一切社会和经济制度以及把人类全部经济发展包括在自己的范围内的任务。然而,到现在为止,只有资本主义生产方式的分析有了充分发展。只在最近,政治经济学才开始研究社会主义生产方式的经济规律。现在,随同资本主义政治经济学,社会主义政治经济学作为政治经济学的一个新的方面正在兴起。

亚里士多德曾用"经济"一词作为家务管理规律的科学。"政治经济学"一词是法国学者 A.蒙特克来汀(A. Montchrétien)在他 1615 年出版的《政治经济学》一书中首先使用的。他在书中讨论了国家的经济活动问题,为此缘故,在"经济"一词前加上了形容词"政治的"。从那以后,"政治经济学"一词在法国和英国主要被用来代表不单单是国家而且是整个人类社会的管理的科学。这是由于"政治的"一词的广义解释不仅指"国家",而且也指"社会"。例如 W.配第在他 1676—1677 年写的题为《政治算术》的书中,讨论了人类社会中发生的数量过程,包括人口学过程。19 世纪末,鉴于"政治的"一词含义不清楚,开始使用"社会经济学"一词。甚至更早一些,在 18 世纪末,开始使用"国民经济科学"一词(著名的波兰经济学家 F.斯卡贝克在 1859 年称他的书为《国民经济一般原理》)。特别是在德国,这个名词开始被广泛采用。19 世纪末,在 A.马歇尔的影响下,以前也曾时常被使用的"economics"(经济学)一词开始被采用。今天这个名词在盎格鲁—撒克逊各国的大学中被普遍接受,它在那些地方几乎完全超过了政治经济学的传统名词。在盎格鲁—撒克逊科学的影响下,它也在其他国家被采用,其中如两次大战之间的波兰。不过,这个名词使主题变得有些狭窄,因为它低估了经济活动的社会性质。为此缘故,在盎格鲁—撒克逊国家中产生了相反的作用,并且出现了恢复“政治经济学”一词的趋势。这个名词今天在波兰和其他社会主义国家以及在与进步社会运动有关的人士中被广泛使用,他们的主要兴趣恰好在经济活动的社会性质方面。

政治经济学的诞生和发展

政治经济学的诞生与资本主义生产方式的奠基和发展密切相关。是的,古代的学者们确实对经济问题有一些注意,但是它们大多数是家务管理问题,符合“经济”一词的原意。只有色诺芬比较广泛地讨论了分工问题,而亚里士多德相当注意交换问题,他甚至引入一个专门名词“交换学”,与讨论家务管理的经济学相区别。在经济问题的研究领域中,亚里士多德没有任何继承人。无论如何,古代学者们关于这个题目的著作都只是有伦理评价而非科学分析的性质。中世纪经济题目的研究具有同样的性质。中世纪的学者们,其中最著名的代表是托马斯·阿奎那,他讨论经济问题是从对神学理论规范道德进行评价的角度出发的。那时的经济研究是道德神学的一个组成部分。这些研究特别重视所谓公平价格问题和高利贷问题。只是当荷兰、法国北部和英国的商品与货币流通经济以及商业资本广泛发展起来,接着是工业中资本主义生产开始后,才唤起了对国民经济中出现的规律性的研究和将这些规律性的知识运用于国家经济政策的兴趣。起初受到关注的是与贸易,特别是与对外贸易有关的金融过程。讨论这些问题的学者们被称为重商主义者(重商主义)。最早的重商主义者,即所谓金属主义者(金属主义)认为国家的财富决定于它所拥有的金属矿物数量,而且他们还制定出方法,使国家输入尽可能多的这种金属矿物,达到这个目标的手段是对外贸易。以后的重商主义者们(按这个词的严格意义)更多注意的是商品生产的发展和生产供对外贸易用的剩余商品。重商主义者中最著名的是英国的 T.曼(他在1628—1630 年写了《对外贸易给英国带来的财富》)和法国的蒙特克来汀。在 18 世纪被称为重农主义者的法国学者们对社会生产和分配过程第一次进行了系统的分析。他们认为这个过程受制于某些规律(自然规律),因此称为自然规则。* 他们中间最著名的 F.魁奈于 1758 年出版了他的《经济表》。它是不断重演的再生产过程的一种图示法,说明了产品在当时社会各阶级之间的分配。

人们一般认为经济科学的真正发展是从所谓古典政治经济学开始的,它主要是在英国随同资本主义生产的发展而诞生和发展的。同时它也起源于法国,而它的影响以后延伸到许多其他国家。古典经济学的先驱者在英国是 W.配第,在法国是包斯格来伯。他们关心的主要题目是发展生产力的条件。对古典经济学的第一次系统陈述是 1776 年出版的亚当·斯密的著作《国富论》。按照亚当·斯密的观点,英国,特别是 18 世纪的英国,其生产力发展的源泉是与新的资本主义生产组织(工场手工业)有关的分工、资本

---

* 重农主义者原文为"Physiocrats",其原义为"自然主义者",重农是他们的主张。——译者注

的积累和目的在于雇佣劳动的财富投资。亚当·斯密也提出了价值规律,证明商品价值决定于用来生产它们的劳动量。他认为商品的生产和交换自动导致“看不见的手”所指示的均衡(自动调节)。与此有关的是,他认为国家、行会或其他经济组织干涉经济生活是有害的,并且认为封建地主们是在用非生产的方式浪费财富。所以,斯密的说教是工业资产阶级克服经济活动中无阻碍的首创精神的表现。

对古典经济学最成熟而扼要的陈述是D.李嘉图在1817年出版的《政治经济学和赋税原理》中做出的。按照他的观点,政治经济学的主题是对社会产品在地主、资本家和工人之间分配的方式进行研究。从这个目的出发,他叙述了一个自圆其说的价值理论——商品的价值决定于制造这种产品所需要的劳动,并且阐述了资本家之间的竞争如何使商品原则上按照符合它们的价值的价格来交换。他解释说,地租是不同肥力的土壤所需劳动量之间的差异和同样土壤上相继投入劳动的递减生产率的结果(级差地租)。他用这个方式第一次把地租理论和价值理论调和起来。他认为物质劳动决定于维持一个体力劳动工人和他的家庭所必需的生理的最小需要量。如果工资落到那个最小数字以下,工人数目将下降;而如果工资上升到最小额以上,则工人人数将随之增加(按照R.T.马尔萨斯的理论)。按照李嘉图的观点,人口增加使社会收入分配中地租的份额不断提高,而利润的份额下降,又削弱了积累资本和发展生产力的动力。所以李嘉图认为地主是经济发展的主要障碍,这是符合当时英国资产阶级激进分子的观点的,他们主张取消谷物进口税以降低地租。李嘉图有一些著作是研究货币问题的。他也指出了工人阶级的利益和资本家的利益之间的某些矛盾——他说技术进步对工人阶级的状况可能有不利影响。

资本主义生产方式中出现的阶级利益的矛盾也被瑞士古典经济学派著名的代表J.C.西斯蒙第注意到了(《政治经济学新原理》,1815年版)。他注意到在国民产品的资本主义分配条件下,生产力增加和居民购买力之间的矛盾。古典经济学学说与英国和法国工业资产阶级反对封建关系残余和加在它的经济活动上的约束的斗争,以及它要在社会和政治生活中占据领导地位的愿望密切联系着。资产阶级对资本主义生产方式的运行和经济发展条件的科学分析感兴趣,当时它是经济发展的主要提倡者。然而资产阶级的政治胜利使情况发生了变化,尤其是由于从古典经济学原理开始引出结论,说明了资本家对工人阶级的剥削和资本主义对社会发展的阻碍作用,这是所谓李嘉图派社会主义者的理论所阐述的(其中最著名的是T.霍吉斯金的《为劳动辩护反对资本的权利》,1825年版)。结果,资产阶级在经济科学中的兴趣范围变了。它认为资本主义生产关系一旦建立就将永久不变,不需要进一步讨论,最多只需要为了对抗来自正在形成的工人阶级运动(英国宪章派群众运动、法国第一次工人起义)的日益增长的批评找理由(辩护)。资产阶级的经济学兴趣于是转向流通问题,例如市场价格机制、货币流通、信用、对外贸易等等。这种兴趣改变的一个标志是一群经济学家的出现,他们的理论被马克思轻蔑地称为庸俗经济学。他们认为自己是古典经济学的追随者,但事实上他们把自己的兴趣范围缩小到表面的市场现象和用辩护词代替对生产关系的科学分析。

在这些条件下,与发展中的工人阶级运动相联系,对政治经济学的研究产生了一种新的方法,这种新方法来自卡尔·马克思。马克思改造了古典政治经济学(以及重农学派)的所有成就。同时,他研究了法国和英国的空想社会主义著作以及李嘉图派社会主义者文献中包含的对资本主义生产关系的批判。他也从工人阶级运动的实际活动中得到启发——他个人参加了这个运动。他从黑格尔学派得到完全的哲学知识和人类社会是历史发展的产物的观点。黑格尔的发展是由内部矛盾激发的辩证过程的观点,成为马克思的出发点,他给予辩证法一种物质解释,并用它来说明人类的历史发展。他用这个方式创造了唯物的历史观点,使他能对古典经济学的成就和社会主义学者们的著作有一种新的见解。他与他的朋友恩格斯共同做了这个工作。他们保持了密切的科学和政治的接触,直至他生命终了。后来,恩格斯为传播马克思的思想做了许多工作。

马克思在经济研究中写就的第一部成熟的著作是《政治经济学批判》(1859 年)。马克思在《资本论》中对他的经济理论做了系统的陈述。马克思生前只出版了《资本论》的第 1 卷(1867 年),第 2 卷和第 3 卷是恩格斯在 1885 年和 1894 年根据他的未完稿出版的。第 4 卷《剩余价值论》是由 K. 考茨基第一次(1905—1910 年)出版的。马克思将政治经济学纳入历史唯物主义的社会发展理论中。这使他得出资本主义生产方式的历史过渡性质的命题和经济范畴与规律的历史性质的思想。古典经济学发现的经济范畴和规律是资本主义经济的运行规律。但是资本主义的发展服从它特有的经济规律,并且如马克思所说,有它自己的“运动规律”。为了研究这个“运动规律”，马克思应用古典经济学发现的经济范畴和规律，同时更精确和彻底地分析了它们。对价值规律较彻底的分析使马克思能解释来自拥有资本的收入来源，这是A.斯密和D.李嘉图未能做到的。发现资本收入来源的关键，是劳动和人力之间的区别以及对于这一事实的陈述：工人工作的工资决定于这些产品的价值，而工人生产的价值超过他们的工资的剩余部分是被占有生产资料的资本家剥夺的一种剩余价值。马克思用这个方式揭示了资本主义社会中工人阶级和资本家阶级之间对立的基本经济原因。同时他指出了这种对立与封建社会和奴隶社会中发生的根本阶级对立的相似性。在封建社会和奴隶社会中，统治阶级也剥削农民或奴隶生产的剩余产品。

在资本主义社会中，剩余产品采取剩余价值的形式，并且通过价值规律的作用获得。社会生产的全部剩余价值在各资本家之间按照他们投入生产中的资本分配，其结果是商品价格与它们的价值(生产成本)经常有一定的偏离。不同范畴的资本以特定收入范畴的形式(工业利润、商业利润、利息)参与全部剩余价值的分配。土地所有权的垄断使地主们能为自己以地租形式剥夺一部分剩余价值。在阐明资本主义制度下的资本家、资本的各个部分和地主剥夺剩余价值的机制时，马克思澄清了资本主义社会的各阶级和阶层之间的经济关系。

生产和分配剩余价值的机制是资本主义生产方式发展理论的基础。资本家之间为增加利润而进行的斗争以及生产成本较高的工业资本家被淘汰的威胁迫使资本家进行技术和组织的改进，降低生产成本。进行这类改进需要更多资本，结果资本家们被迫把他们的利润的一部分变为新增资本,这就是积累。积累和技术进步变成资本家生存的必要条件。而这导致了用机器代替活劳动,这在资本主义制度下导致了所谓产业后备军形式的失业。资本的积累,连同一些企业的竞争力减弱,使资本集中于大企业。社会人口日益增大的部分被转化成大资本的雇佣工人或以某种其他方式依附于大资本,而这样就创造了生产资料被全社会接管的条件,全社会的大多数人是受大资本剥削的。由于资本主义生产方式中涉及的日益增长的内部矛盾,由社会接管生产资料变成历史的必然。

资本主义导致了劳动过程的社会化,它把单个的生产组织变成大工业企业。然而在生产资料私有制的条件下,各企业之间的关系(协作和分工)受价值规律作用的自发调节,这说明了资本主义生产方式的不合理、无政府的性质。它的发展不受社会的自觉管理,这就导致了经济危机的破坏和灾难。特别在需求赶不上生产增长时尤为如此,这是资本主义经济的一个特点。资本的集中增加和激化了这些矛盾。最后,生产力的发展与生产资料的资本家所有制——生产资料的私人资本家垄断所有制的矛盾越来越大。同时,这些同样的经济过程导致工人阶级队伍组织得越来越好,它领导着对日益增加的剥削和资本主义生产的无政府状态的反抗。为了保证社会的进一步发展,社会主义革命成为必然。

从马克思开始,政治经济学向着与两个不同的和对抗的社会领域联系的不同方向发展。马克思的经济理论和唯物史观变成工人阶级革命运动的社会和政治学说,成为科学社会主义的基础。从马克思的理论中发展起来的政治经济学的派别称为马克思主义学派,或简称马克思主义政治经济学。而以资产阶级和有关资产阶级为背景(例如,在资本主义国家的各大学中)的政治经济学已被马克思称为资产阶级经济学。这些派别反映了它所联系的社会背景的利益和思想范围。

马克思主义经济学变成唤醒和形成工人阶级意识的有力因素,它变成有组织的工人阶级运动的行动策略和科学基础。它关心的主要问题是资本主义生产方式的发展规律、它们的内部矛盾和发展前景,以及对资产阶级经济学说的批判——该学说认为资本主义是服务于所有社会阶级,包括工人阶级的利益的一个和谐而合理的社会制度。20 世纪初,马克思主义政治经济学特别活跃。那时新问题成熟了,要求得到解决,特别是卡特尔和托拉斯、国家对经济生活干涉的增多,以及危机减轻和工资上涨的问题。有鉴于此,工人阶级运动中产生了一种修正主义趋势,它怀疑资本主义内部矛盾正在变为马克思主义的日益尖锐的命题(E. 伯恩斯坦、C. 施密特、M. 杜根 - 巴兰诺夫斯基)。使马克思主义经济学活跃起来的另一个因素是俄国的马克思主义者和民族主义者之间的争论,即资本主义能否主宰俄国的经济并使它从经济和社会落后的状态中得到改善。这把马克思主义经济学家们的兴趣引向资本主义再生产和积累的问题,它以《资本论》第 2 卷的理论图式为基础。这个问题直接与危机问题和危机的渐趋减轻或加重问题,以及日益广泛的大垄断资本主义企业的作用问题联系着。关于资本主义中农业的发展趋势,马克思主义经济学家与修正主义者也有争论。关于这个问题出现了一批马克思主义经济学文献,作者包括 K. 考茨基、G. 普列汉诺夫、R. 卢森堡、V. 列宁、L. 克西威斯基和其他人。

资本主义最终转变为垄断帝国主义发展阶段和列强之间由于殖民政策而发生的第一次冲突,使工人阶级运动面临着一些问题,不考虑马克思的经济思想就不可能分析这些问题。这标志着政治经济学发展的新阶段。第一个事件是R.希法亭的《金融资本》一书在1910年出版,它分析了资本主义垄断组织(股份公司、银行、卡特尔和托拉斯)与工业资本和银行资本合并为一种新资本形式——金融资本的过程。希法亭的书也分析了资本主义垄断企业对社会收入的分配、对社会各阶级之间的关系、对危机和经济循环过程以及对国外贸易和资本输出的影响。他阐明了资本主义国家在保护大垄断企业中的新作用(主要是关税政策)和那个国家走向帝国主义扩张的趋势以及民族主义的新社会作用和列强的政策。第一次世界大战爆发前夕的1913年,出现了R.卢森堡的《资本积累》一书,书中引人注目的副标题是"帝国主义的经济解释"。R.卢森堡在资本积累的过程中看到了帝国主义的来源,并且特别指出了落后国家对资本主义发展的重要性。她也指出了军火生产作为新积累领域的重要性。争夺殖民地、战争和革命是帝国主义时代的不可分割的特点。它们加速了社会主义的社会革命。R.卢森堡的概念的理论基础,特别是她对马克思的再生产图式的解释,招致了马克思经济学家的许多批判(O.波尔、N.布哈林,H.格罗斯曼和其他人)。

然后,在1916年,当帝国主义战争激烈的时候,列宁写了《帝国主义是资本主义的最高阶段》(1917年)。在这本书以前,还有在战争初年写的关于帝国主义的一些理论文章。列宁把帝国主义直接与资本主义发展的垄断阶段联系起来,论证了帝国主义与垄断资本主义是相同的。帝国主义时代的标志是垄断企业占优势，金融资本寡头统治，资本输出起更大的作用，国际大资本家集团之间瓜分市场，以及列强之间对殖民地和势力范围的领土的和政治的瓜分。各资本主义国家和集团的不平衡发展使这种瓜分不稳定，这种情况导致了重新瓜分的尝试，因而发生了帝国主义战争。帝国主义时代和资本主义瓦解时代是同义语。主要帝国主义国家变成食利寄生国家，剥削落后国家的人民。帝国主义国家工人阶级的一部分(工人阶级贵族)也分享了这种剥削的果实。按照列宁的看法，这是这些国家工人阶级运动中改良主义和民族主义的来源。在以后的著作中，列宁进一步指出了帝国主义的后果，即殖民地和附庸国人民的民族解放运动的发展。这些运动成为国际工人阶级运动的同盟。列宁论述帝国主义和民族解放运动的著作成为世界范围内的革命工人运动采用的新策略的基础。

资产阶级经济学的发展沿着完全不同的路线前进。原则上，它的标志是兴趣范围不断缩小。这里可以区分为两种派别。主观主义学派继承了庸俗经济学家的传统，进一步缩小了它的兴趣范围。历史学派(政治经济学中的历史学派)在一段时期中否定经济规律的存在并把政治经济学变为对经济史的描述，而在另一段时期中又做唯心论的构思，把经济发展归因于人民心理态度的变化。主观主义学派是K.门格尔和W.S.杰文斯在1871年创立的。门格尔是这个学派最始终一致的版本的创始人，即所谓奥地利学派，其最著名的代表人物是F.维塞尔和E.庞巴维克。在解释市场交换时，这个学派的代表人物把他们的注意力集中在参加交换者对于所买或所卖商品的主观态度上。他们宣称这个态度决定于商品对个人的边际效用价值,而边际效用的度量也被用于决定生产过程中商品的消耗。按照这个观点,经济学变成按照商品的边际效用处理它们的科学,而它的研究对象是人对物的态度;古典政治经济学和马克思主义政治经济学的中心问题——人们之间的社会关系不见了。对经济学主题的同样观点也反映在生产资料的边际生产率理论中。这个理论的最著名的代表人物是J.B.克拉克。与边际效用理论类似,它在实践中常常服务于证明国民收入的资本主义分配是合理的,其中各个生产要素的主人据说会收到等于他们所有的要素对社会产品价值的贡献的金额。资本主义生产资料的历史—社会性质问题被完全忽视了。在所谓洛桑学派中,也能找到采取按照商品的边际效用评价它们的形式的主观因素。其最著名的代表是L.瓦尔拉和V.帕累托。以及在盎格鲁—撒克逊各国赢得了主导地位的所谓新古典学派,其创始人是A.马歇尔。瓦尔拉和马歇尔按照庸俗经济学的模式研究全部市场过程。但是他们对这些过程确实做了更深入的分析。他们找到了达到这个目标的一个手段,即用边际效用理论来解决消费品的需求。马歇尔对生产成本做了主观主义的解释,他认为,与劳动和等待生产过程的结果联系的反效用产生"实际社会成本"。市场对这种反效用支付的价格包括付给劳动的工资和资本的利息。而地租并不代表任何社会成本,它是"无功受禄的收入"。在这一点上,马歇尔认为他自己是古典经济学特别是李嘉图学派的后继者(因而有新古典学派之名)。而瓦尔拉把生产成本与发展的一定技术水平决定的生产资料支出(所谓生产系数)联系起来,因此他更接近于古典学派,该学派认为生产成本是决定生产某种产品必需的劳动支出的客观条件的表现。马歇尔和瓦尔拉都讨论了货币和信用理论。利用图解和数学的帮助,马歇尔对市场价格的形成过程(需求和供给弹性、短期和长期的市场均衡)以及国际交换(贸易条件)做了详细分析,他也研究了利率和信用政策对投资及物价水平的影响。新古典学派的其他代表人物继续了这类研究,他们为此目的发展了一套精巧的技术和分析工具。这是适合当时资产阶级的实际利益和需求的研究——资产阶级的经济决策需要关于市场和货币信贷过程的准确信息。然而以这种方式设置的技术和分析工具也可以用于其他历史和社会条件下的研究工作。

在德国,历史学派是在对古典政治经济学的批判中产生的。和古典政治经济学不同,它对封建因素和促进德国资本主义发展的普鲁士王室的国家机器(所谓发展资本主义的普鲁士方式)的历史遗产和社会作用,持一种赞赏的态度。但是它也不同于作为马克思主义政治经济学基础的社会发展的历史唯物论。在它发展的第一个阶段(所谓旧历史学派),这个学派否认经济规律的存在,并在越来越大的程度上把它的工作限制为历史著作。这也是第二阶段(所谓青年历史学派:G.希摩勒、K.布歇、L.布伦坦诺)出现的原因。这个学派的代表人物的活动成果是历史—经济知识领域中的重要成就,不过它们不属于作为一门理论科学的经济学本身的主题。在20世纪第一个十年结束时,历史学派产生了W.桑巴特和M.韦伯讨论资本主义奠基和发展的伟大历史—综合著作。两位作者都利用了马克思的科学著作,从中得到资本主义是历史范畴的概念。他们还设法对马克思著作中所提出的问题给出了不同于马克思的答案,他们的答案基于对社会制度的唯心的解释,即说成是在所谓时代精神中表现的心理态度自发发展的结果。资本主义的奠基和发展的问题因此被简化为所谓资本主义精神的奠基和发展。在马克思的理论影响下产生的另一部著作是奥地利学派的J.熊彼特的《经济发展理论》(1912年版)。熊彼特和马克思相似,他在各企业努力实现技术和组织进步、制造新产品和在生产过程中引入其他革新方面,看到了资本主义经济的动力学。但是和马克思不同,他把这些努力归功于作为技术进步先驱的主要企业家们的创造性心理态度。历史学派的一个近亲是制度学派(T.凡勃伦、W.C.米切尔、J.R.康芒斯及其他人),它起源于19世纪末而发展于20世纪初的美国。它的代表人物否定古典学派的理论,认为那是不结果实的空论,并且集中他们的注意力于连篇累牍地描写经济生活的制度组织。对凡勃伦的著作应特别注意,它包含对大企业的社会和经济作用的批判性分析。凡勃伦追随与资产阶级批判资本主义有关的那一群资产阶级经济学家的足迹。他们的见解在西斯蒙第的著作中也可找到。他们以后的代表人物是P.蒲鲁东和J.S.穆勒。在19世纪后半叶,这种批判消失了;它在20世纪初被修订为对于正在扩大而变得更强有力的大垄断企业的反作用。这种批判在J.A.霍布森的《帝国主义》一书(1902年版)中得到表现。列宁在他的论述帝国主义的著作中对它进行了高度评价和利用。

今日的政治经济学

十月革命的胜利在世界上建立了第一个社会主义国家,它和垄断资本主义内部的发展过程一起，创造了政治经济学发展的新条件。这些条件的进一步发展是在第二次世界大战以后。那时，建设社会主义制度的过程推广到欧洲和亚洲的许多国家，殖民地和附庸国中的民族解放运动变得更强大，它们的人民对尽可能快地克服它们的落后状态做出了努力，并且开始在加速经济发展的道路上前进。社会主义和资本主义这两种经济制度之间的对立和不发达国家存在的问题，使政治经济学面临崭新的问题。

社会主义生产关系的建立和发展以及社会主义经济的管理和其发展计划工作产生了对一个经济知识的新分支——社会主义政治经济学的需要。曾经几乎完全用于研究资本主义的马克思主义科学工具，现在必须适应社会主义的经济问题。这是一件开拓性的工作，特别是考虑到以前曾有人怀疑社会主义政治经济学的可能性和必要性，情况就更是如此。R.希法亭认为，在社会主义制度下政治经济学可能被"各国财富"的科学所代替，其主要问题可能是生产力的组织和发展。R.卢森堡认为，资本主义生产的无政府状态的消失，可能使单独的政治经济学不再必要，唯一的需要是研究有关再生产过程的要求的规律性。最后，N.布哈林完全否认这一门科学的可能性，他说在社会主义条件下，经济规律的科学可能被一种对实际活动的描述和规范的体系所代替。社会主义经济是在各国的困难条件下诞生和发展的，从经济的角度看，它们要么是不发达的，要么干脆是落后的（而不是像马克思和恩格斯预见的在主要工业国家中建立），而且它们是受战争破坏的国家。那里，社会主义经济的经验和规律是逐渐形成的，因此，用科学方法对它们进行的理论概括也只能逐渐形成。

列宁在革命后几年发表的许多著作中开始对社会主义经济做科学分析。在20世纪20年代,由于当时对苏联的工业化和农业的社会主义改造进行了热烈的讨论,这些分析得到了进一步发展。

当时提出的其他问题是:社会主义经济的运行,社会主义制度中的商品—货币关系以及经济核算的作用。当时最著名的两位经济学家是N.布哈林和J.普里奥布拉仁斯基。德国和奥地利同时革命,提出了生产资料社会化问题。关于这一点,一些资产阶级经济学家(L.米塞斯、F.哈耶克和其他人)提出了一个命题:在社会主义经济中,合理经济核算是不可能的。在经济危机时期,资本主义各国又得到新生的时候对这个题目进行了讨论,O.莱特、M.多布、奥斯卡·兰格等人站在社会主义一边。当时第一次系统地讨论了物价和市场在调节社会主义经济中的作用问题。

由于编制经济发展的第一个五年计划(1928—1932年),苏联拟订了国民经济计划工作方法的基本原则。G.克西善诺夫斯基、W.巴札洛夫、G.费尔曼参加了这个工作和讨论,S.斯特鲁米林也如此,到今天他仍在进行他的丰富的科学活动。在20世纪30年代流行一种见解:商品—货币关系是社会主义的一个长期特点(与共产主义不同)。然而政治经济学的发展受到了教条主义气氛的阻碍。斯大林创造的唯意志论的经济和政治管理制度无助于经济规律的客观研究。现行经济政策的辩护词在越来越大的程度上代替了科学分析。辩护词企图把唯意志论的管理制度说成是不可避免的客观经济规律的结果。这种辩护词最强烈地表达于斯大林的著作《苏联社会主义经济问题》(1952年出版)中。但是这本著作引导人们注意经济规律的客观性质和社会主义中生产关系和生产力之间的矛盾,开辟了走向科学分析的道路,特别是在教条化过程不太深的人民民主国家中。在克服了这些障碍之后,1956 年出现了新的进展,诞生了几本社会主义政治经济学的教科书。

社会主义政治经济学的主题是研究社会主义生产方式的特性和规律性。它的基本概念是以马克思主义的社会发展理论(历史唯物主义解释)和马克思主义经济学为基础的,因为它讨论的经济规律的范围超出了资本主义生产方式。不过,社会主义特有的经济规律不同于资本主义特有的经济规律,而在这个领域内,社会主义政治经济学必须超过马克思和以后追随他的马克思主义者的理论著作,尤其是有关合理管理生产资料和人力的新问题。传统的马克思主义经济学,原则上不讨论这个问题,只在批判资本主义经济的不合理性时触及它的边缘。资产阶级经济学得到的成果也不是很有用,它只讨论各个企业中的合理管理问题,而且如果它超出了这个界限,就是对整个资本主义经济制度创造一种辩护性的神话。社会主义政治经济学到今天为止的成就首先体现在积累与经济增长的条件的分析方面、国民收入的创造和分配方面以及投资效率核算的基本原理和商品—货币关系的作用方面。价值规律的作用问题以及货币理论和社会主义经济中价格机制和结构的原理问题仍然是讨论的焦点。社会主义各国中国民经济组织和管理形式的多样化和各个国家中这些形式的变化,提供了比较观察和研究的丰富材料,促进了社会主义政治经济学的发展。

社会主义经济学的一个重要部分是国民经济计划工作的科学。在计划科学的发展中可以看到两个不同阶段。在第一个阶段,主要的、几乎唯一有趣的主题是计划的内部一致性问题,从保证国民经济各部门按比例增长。计划的内部协调工具是平衡表——国民经济及其各部分的平衡表(物资、人力等的平衡表)。在这个阶段,资本主义企业中发展的核算方法被用于国民经济。经济核算的这种广义应用已被马克思预见到了,而列宁则把它付诸实施。编制国民经济平衡表的理论基础是由马克思的再生产理论提供的,它的基本原理过去被完全用于资本主义经济。计划科学的第二阶段开始于较近的时期。这里的主要问题是最优计划问题,计划的内部一致性是它的实施条件,但是它仍然不保证国民经济的力量和手段的最佳利用。最优计划的选择要求比较这些计划的不同方案,这只是在今天才变成实际上可能了,要感谢电子计算机的发展,使许多复杂的计算能迅速而有效地解决。这些计算机也使有效率的社会经济平衡核算成为可能。这导致许多社会主义经济问题得以用数学表达,特别是再生产过程的分析。

可以看出,社会主义政治经济学迄今的发展,首先在于对社会主义经济的物质和平衡方面的讨论。而对于有关社会主义生产关系发展的内部辩证法以及这些关系中内在的社会矛盾和经济发展的推动力的科学分析等问题,则注意较少。起初,大部分注意力用在对新的社会主义生产关系及其实际问题的描写上。只是到了20世纪50年代,注意力才开始转向形成社会主义生产关系和分配关系(支付形式、工人分享利润、工人自治、合作社、农民和工人之间的经济联系、市场的作用等)的不同方式中涉及的经济和非经济刺激问题。

社会主义经济的建立及其迅速发展,特别是整个社会主义国家体系的建立,对于垄断资本主义和资产阶级思想的发展,都构成了一种新的情况。资本家在世界人口中的统治范围减少了1/3，以后，民族解放运动和前殖民地的纷纷独立将使帝国主义主宰的面积减少得更多。资本主义制度不再是世界经济中的唯一制度，并且被迫与迅速发展的对手——社会主义制度共存。这削弱了资本主义经受危机和震动的社会抵抗力，并且创造了资本主义经济达到更大稳定性的社会需要。在这些条件下，由经济理论支持的为生产方式辩护的理由不再充分了。资产阶级政治经济学被迫对资本主义制度最显眼的弱点进行批判性的分析，并且寻找改善现状的方法。提供直接刺激的是1929—1933年的经济危机以及随之而来的一直持续到第二次世界大战爆发时（除少数短时期外）的大萧条。这个时期苏联工业化的伟大成就使这次萧条更加明显，不仅在工人阶级和所谓中间阶层中加强和传播了革命精神，而且也降低了资产阶级对自己力量的自信。正是在这种情况下诞生了J.M.凯恩斯的新经济理论。他在《就业、利息和货币通论》（1936年版）一书中说，在一个成熟的资本主义经济中，由于资本家有逃避投资风险的类似食利者的倾向，积累导致资本盈利率低，通常不能给现有全部人力提供就业，因而失业成为资本主义的一个结构特点。按照凯恩斯的理论，这种情况的出路是国家的积极干预。这种干预包括降低利率以鼓励私人投资，借助于照顾低收入阶层的社会再分配以增加对消费品的需求，以及为了增加就业和使整个经济生活活跃起来，如有必要，国家应直接投资。凯恩斯的这种理论，其先驱为K.威克赛尔学派的瑞典经济学家，以及大萧条时期诞生的刺激商业循环的理论。这些理论开创了通常称为凯恩斯学派的整个趋势的发展。在这个趋势之内明显地形成不同的流派。第二次世界大战以后在美国出现的所谓凯恩斯右翼,用提供充分就业的需要,为国家的军备支出辩护。所谓凯恩斯左翼,其最著名的代表是J.罗宾逊,提出了一个规模庞大的社会改革规划和目的在于国家接管经济生活的重要领域的国家投资规划。这一派的某些代表人物走得相当远,甚至提出社会主义性质的要求。

20世纪50年代中叶,在资本主义经济的相对稳定时期,凯恩斯提出的问题被搁置起来(特别是在美国和德意志联邦共和国),因为有些见解把这种稳定性看成是当代资本主义的一项长久成就——不需要像凯恩斯及其追随者设想的那样,由国家方面做任何特殊干预。而有些人提出了当代工业社会吸收“丰富商品”的社会和心理问题。这是当代资本主义辩护词的主要趋势,但它的代表人物中有些人(例如,J.K.加尔布雷思:《富裕的社会》,1958年版)批评资本主义不能满足社会的集体需要(文化和科学、保健、自然资源保护等),并且建议国家干预,目的在于把部分国民收入引到满足这些需要上来。

社会主义政治经济学,特别是国民经济计划科学的发展,以及社会主义经济的实际成就对资本主义国家的经济思想和实践已有影响。这已唤起对经济计划问题的兴趣,它也受到那些国家中工人阶级运动的纲领性要求的鼓励。社会经济平衡核算(所谓社会核算)的方法已广泛应用,凯恩斯的国民经济稳定政策也表明了这种需要。民族解放运动和经济不发达国家把它们自己从它们的经济落后状态中解放出来的努力唤起了对国民经济发展问题的兴趣。这意味着超出了今日资产阶级经济学的范围,它主要研究市场过程,并把经济学表述(通常为了替它辩护)为保持均衡的自动机制。它对马克思主义经济学的一个基本问题——经济发展问题(特别是这个发展对生产关系体系的依赖关系)不感兴趣,它也不讨论积累的条件和可能性问题,而这是马克思主义文献中讨论最多的主题。不发达国家的问题迫使它对这些问题有一些兴趣。这样就产生了增长经济学。增长经济学现在已经变成资产阶级经济学感兴趣的主题之一。这个主题的性质本身要求研究以前几乎完全属于马克思主义经济学领域内的问题。这导致了对于长期以来在马克思主义文献中已知的理论范畴和观点的重新发现,并且也部分地导致了对马克思主义科学著作的有意识的利用。增长经济学已经成为不发达国家特别感兴趣的话题,它们在其中寻找关于加速经济发展的知识。在高度发达的资本主义国家中,对它的兴趣来自理解不发达国家问题对世界经济和政治的重要性,特别是对资本主义和社会主义之间的竞争的重要性。但是帝国主义各国中的某些人宣传这样的一些增长理论是企图证明它们对加速不发达国家的进步缺乏积极的政策是合理的。这与这些国家的经济发展计划问题有关。社会主义各国的经验,已在所有不发达国家中唤起了对计划问题的兴趣。这些国家中有许多现在已经有了它们自己的经济发展计划,其中国家投资起决定性作用。前面提到的辩护词否定指令性计划的需要,并且断言不发达国家的发展应当以私人资本,特别是从帝国主义国家进口的资本为基础。

关于增长经济学以及计划经济发展和国民经济平衡表问题,许多被传统的资产阶级经济理论哺育起来的经济学家,特别是新古典学派,开始批判这些理论在赢得对基本经济过程的理解方面的有用性。这时出现了超越市场现象的界限研究再生产和积累过程,并把这个过程与国民收入的分配联系起来的动向。其结果是,出现了回到古典政治经济学的基本概念和回到马克思的基本概念的趋势,这个趋势的证明是J.罗宾逊的《资本积累》(1958年版)一书。P.斯拉法的《用商品生产商品》(1960年版)在这方面迈出了最勇敢的一步。以前他就曾批判过新古典理论的基本原理。在此情况下,社会上出现了对马克思和马克思经济理论的广泛兴趣。

第一次世界大战以后对资本主义垄断企业的另一个批判浪潮来自有小资产阶级及中等资产阶级观点的经济学家们。大学知识分子在经济研究和发表他们的成果方面的作用日益增加,加强了这个倾向。它导致了对于政治经济学影响深远的专门职业化,使经济研究成为一种专门职业。在某种程度上,这使得经济研究独立于资产阶级的直接利益。职业经济学家中的大部分属于所谓新中等阶级的成员,他们的倾向与小资产阶级和中等资产阶级的背景有联系。在这些条件下,对资本主义垄断活动的批判采取两种形式:其一是不完全竞争理论(E.张伯伦和J.罗宾逊);其二是福利经济学,其主要代表是A.C.庇古(《福利经济学》,1920年版)。福利经济学理论家批判垄断的出发点是自由竞争运行的理想模型,与这个模型有任何偏离都被认为是浪费社会的经济资源。持这个观点的小资产阶级和中等资产阶级的社会范围是很明显的。这些理论家建议国家干预(有时是很深远的干预),其目的是排除或中和垄断的有害活动。

同一时期内,对资本主义制度的社会主义批判也增加了,大多数是以马克思主义经济学为根据的。俄国革命、苏联的社会主义建设以及20世纪30年代资本主义经济的严重危机和长期衰退,是引起批判的新刺激。苏联（例如J.瓦尔加）和资本主义国家（O.波尔、P.斯威齐、M.多布）都有许多马克思主义经济学家参加了批判。特别应当提一下M.卡莱茨基的《1933—1939年商业循环理论研究》和其他著作，他把马克思主义再生产理论作为出发点，以创造性的方式提出了商业循环理论，并且解释了资本主义制度不稳定性的来源。他的解释与R.卢森堡的积累理论有些相似。第二次世界大战后对垄断资本主义的马克思主义批判性分析仍在继续。一方面，它证明资本主义不能使不发达国家工业化（P.巴兰）；而另一方面，它正在研究发达资本主义国家的经济和社会结构中的新变化（阶级力量的关系、国际分工、新殖民主义及其他）。最后提到的研究路线尚在创始阶段。而至今我们仍在等待一个系统理论说明垄断资本主义的基本经济规律，价值规律的作用在垄断资本主义中采取的特定形式，扩大再生产的过程及其周期性质，国民收入在各阶级和阶层之间的分配，国际分工，以及许多其他问题。

社会主义制度和资本主义制度在世界经济中共存的事实也对政治经济学提出了新的问题。至今，这个事实只以强调资本主义集团对第一批社会主义国家的经济的敌对态度的意义和向高度发达的资本主义国家学习管理方法的可能性的形式，纳入社会主义政治经济学中。而在研究社会主义的存在对资本主义经济道路和运行的影响方面，至今做得很少。世界社会主义市场对资本主义国家商业循环的历程的影响，资本主义对震荡和危机的社会抵抗力减少，以及向社会主义国家学习计划国民经济的方法之类的问题，是一个疑问。社会主义制度的存在对资本主义经济的运行和发展的规律性的影响,不能离开世界范围内社会主义和资本主义之间的相互联系和竞争的辩证法单独去研究。这个辩证法特别反映在不发达国家问题中,反映在资本主义和社会主义影响的冲突中,它们决定了这些国家的发展方向,视这些国家中阶级力量的内部关系和世界政治和经济中力量的关系而定。政治经济学在这里有一些新的行动领域。

政治经济学的辅助科学

政治经济学是一门理论科学。它从描述性经济学得到具体经济现象的知识,后者也包括经济史、经济地理和经济统计。应用经济学的各个领域(工业、农业和贸易经济学,财务和会计的经济学,以及其他)与政治经济学都有联系。它们将理论经济学和描述性经济学得到的成果应用于经济生活的某些领域或方面的详细研究。经济学得到的成果的实际应用称为经济政策,它涉及工业、农业、财政及其他部门。描述性经济学和应用经济学都是经济科学,它们是政治经济学的辅助科学。此外,政治经济学还得到了数学,特别是数理统计以及哲学和社会学的帮助。首先是在方法论中政治经济学与哲学有联系;其次,政治经济学与社会学关系也特别密切,后者对于一切社会联系问题的研究有助于人们了解经济过程和整个社会生活之间的联系。

最近政治经济学有了几门新的辅助科学。这是资本主义和社会主义经济中对经济管理提出的新需要的结果。经济计量学把数学方法(特别是数理统计)用于精确而具体地测定经济现象的相互关系(需求弹性、生产的技术系数、投资效率等等)。刺激经济计量学发展的第一个原因是垄断企业和资本主义国家需要对市场过程做更精确的分析。这是因为垄断企业能按保证最大利润的水平确定物价,而自由竞争条件下的企业做不到这一点,因为它们必须接受自发的市场机制确定的价格水平。国家的干预活动也需要知道这种活动的定量的、具体的结果。因此,第一批经济计量学著作讨论供求弹性的统计测定问题。对经济计量学研究的进一步需求来自这样一些问题,例如,进入生产成本的各种因素的分析、各种商品未来需求的预测,以及其他问题。近年来经济计量学也已应用于社会主义国家。社会主义经济的计划性质对经济相互关系的数学一定量分析有一种特殊需要。除传统的需求分析领域外,关于生产和投资的技术系数(所谓技术和投资定额)的知识是计划经济中头等重要的事情。这里应用称为投入—产出分析的平衡核算法。V.里昂惕夫发明的这个方法受到了在苏联引入的平衡核算的启发。这个方法在社会主义国家中比在资本主义国家中更广泛地应用于实践,而它最初是在资本主义国家产生的。经济计量学应用于计划国民经济有时称为计划计量学(V.涅姆钦诺夫)。值得一提的是,经济计量学诞生以前很长时间,在17和18世纪,特别是在19世纪,数学,尤其是数理统计学被应用于人寿保险和其他保险领域(精算数学)。但只是在经济计量学中,数学才被应用于范围广泛的经济问题。

正在变成当代数学的一个重要分支的规划科学与经济计量学有关。它讨论为包括大量互相依赖的人类活动的系统决定最优规划的问题。在经济领域中,它的兴趣范围是编制企业工作计划和国民经济计划(例如投资的最优分配)。发展和应用规划科学的第一人是L.康托罗维奇(《生产和组织的数学方法》,1939年版)。紧接着,第二次大战之后,规划科学和与之有关的所谓运筹学在美国和英国得到发展,大部分与军事问题有关。最近,它与日俱增地被用于苏联和其他社会主义国家。经济计量学和规划科学以及运筹学的广泛实际应用需要使用电子计算机。只有用电子计算机才能进行这么多次数的计算(例如在足够短的时间内解几百个联立方程,以保证结果能在现在对经济管理有用)。规划科学和运筹学可以看成是合理行为学的一部分,后者是理性活动的一般科学,其实际创始人是T.考塔宾斯基。合理行为学对政治经济学的方法论也有很大重要性(所谓良好管理的原则或合理管理的原则问题)。但是如果不把经济核算的任务和判断标准清楚地陈述出来,它的应用就是不可能的。经济计量学和规划论正可为此服务。这一点常常需要经济理论本身的发展。因而经济计量学和规划论提出了要由政治经济学解决的问题,并且要求对老问题给出更精确的定义,以这种方式促进它的发展。

目前控制论用于经济科学的可能性正在探讨之中。控制论创始于1948年,它是关于控制和调节由相互作用和被复杂的因果链网络连接起来的元素组成的系统的科学。这类问题发生在自动化工业装置、计算机、生物机体以及很多人类行动互相联系的社会系统中。控制论的理论工具对社会过程的自发性、控制社会过程的可能性和方式、信息在形成社会过程中的作用以及其他问题的研究有新的启发。社会主义经济的计划性质使控制论对寻找保证国民经济的有效管理及其适当运行的方式特别有用。

上述新的辅助科学作为高效率认识的精确的研究工具丰富了政治经济学,特别是社会主义政治经济学。这一点提高了政治经济学作为指导社会经济发展的一个工具的作用。社会主义已经给我们规定了历史任务:要克服至今人类历史中作为社会和经济过程的特性的自发性。它为我们规定了任务,创造了条件。人类按照科学知识的理性原则有意识和有目的地推动社会发展。政治经济学作为社会可以用来有意识地塑造它的历史命运的知识源泉,在这个任务中可以起基础性作用。以这种方式,政治经济学和为它服务的辅助科学正在变成了解自己的目标的人类心灵驾驭自发力量的盲目作用过程中的一个因素。

(原载《波兰大百科全书》第 3 卷)

译后记

马克思的名著《资本论》第1卷出版已逾百年，苏联十月社会主义革命胜利迄今也将近七十年。政治经济学这门重要的科学发生了什么变化？改进它的教学和研究应当从何处着手？兰格的这本《政治经济学》对上述问题做了有益的研究和探索。

从马克思写作《资本论》的时代到现在，人类的经济生活发生了巨大变化。那时没有无线电、电视机、汽车、拖拉机、原子能、飞机、化学塑料、合成纤维、电子计算机……生产力的发展不能不引起生产关系和上层建筑(包括政治经济学在内)的变化。

社会主义国家实行计划经济取得了成就，资本主义国家也纷纷编制全国性的经济计划。

管理资本主义经济需要经济知识，研究经济学成为一种专门职业，社会主义国家的经济学家也面临分析和设计新的经济系统的历史任务，这一切都推动着经济学的不断进步。经济学界迫切需要从马克思主义的观点、资本主义和社会主义国家的经济实践和经济学的成就中吸取营养，编写一部政治经济学教科书。

苏联科学院曾经编写的《政治经济学教科书》似乎未能满足人们的期望。兰格对它做了以下评价：

“每本书都可以用，但是每本书都必须批判地对待。

至于教科书，它的最弱的部分是关于垄断资本主义的一章。精确地说，当代资本主义的图景是在某些抽象假设的基础上描绘的。……

关于社会主义经济的一章，多多少少是描写写书时期的苏联经济；关于竞争资本主义的一章是马克思的《资本论》的谨慎的概略。”

当然，编写一部好的政治经济学教科书是很艰巨的工作。需要有渊博的知识、深刻的思想，以及冲破由成见和偏见结成的罗网的勇气。

苏联经济学界在20世纪20年代讨论了如何进行社会主义工业化的问题，思想很活跃。但是斯大林在1929年12月的一次报告中，批评了一些经济学家不支持他的政策，并且说中央统计局编的国民经济平衡表是数字游戏。1952年斯大林在《社会主义经济问题》中又明确地提出了生产力的合理组织、经济计划等不是政治经济学的问题，而是领导机关的经济政策问题。他把政治经济学的研究对象局限于生产关系。这些论点显然不符合包括马克思在内的政治经济学的传统，却对苏联以及其他国家的政治经济学教学与研究产生了很大影响。

本书作者奥斯卡·兰格(1904—1965)是波兰人，1945年被任命为驻美大使和驻联合国安全理事会代表。波兰共产党与社会党合并为统一工人党时，他当选中央委员，1957年后任国务委员会副主席。1956年受聘为华沙大学政治经济学教授。1957—1959年任联合国欧洲经济委员会主席。1965年逝世后，受到波兰国葬的礼遇。

兰格的主要著作有:

《社会主义经济理论》,1938 年;

《社会主义政治经济学》,1958 年;

《建设社会主义时期的基本问题》,1958 年;

《政治经济学》第一卷,1959 年;

《经济发展、计划和国际协作》,1961 年;

《经济计量学导论》,1962 年;

《最优决策》,1964 年;

《经济控制论导论》,1970 年。

兰格既有渊博的理论知识,又有丰富的革命建设实践经验,他立志写一部政治经济学系统性专著,并且早在 1945 年已写成第一章——“经济学的范围和方法”。由于他在二战后的社会活动,直到 1957 年才再次动笔,续写此书。原打算分为三卷,第一卷讨论政治经济学的主题,它与历史唯物主义的关系,经济规律问题,政治经济学的方法,政治经济学和人类合理行为学之间的关系,经济科学的社会条件和社会意义。第一卷在 1959 年出版,在波兰和其他许多国家引起了很大注意,已有法文、英文、意大利文、葡萄牙文、捷克文、德文、西班牙文和日文译本。

第二卷讨论再生产和积累,投资和经济增长的一般理论,商品生产和价值规律,各种社会经济制度中经济剩余的形式、分配和处理。第三卷将致力于详细分析资本主义和社会主义制度的机制,包括它们在当前历史阶段中的相互作用问题。可惜,第二卷只写了四章,兰格就与世长辞了。

兰格把经济规律分为两类:某一个社会形态特有的规律和不

同社会形态共有的规律。所以他打破苏联政治经济学教科书的模式，不把政治经济学截然划分为资本主义政治经济学和社会主义政治经济学两部分。例如，消费品的需求是相对稳定的，而设备和厂房的需求则波动较大，后者包括更新、改造、新建。就更新一项而言，若在时间上分布不均匀，就足以造成经济波动。这个问题对资本主义和社会主义都是同样存在的。所不同者，社会主义可以自觉地认识这个问题，自觉地把设备和厂房的总需求在时间过程中安排得比较恰当。对这个问题如果在资本主义经济学中讨论，又在社会主义经济学中讨论，不免会有很多重复，不如放在一起讨论好。兰格的这种方法有其独到之处。

这部书继承了从亚当·斯密到马克思的传统，把生产问题放到非常重要的位置，并且运用现代线性经济理论，把马克思的再生产理论发展到更能说明复杂的现代经济生活的程度。

在本书中，兰格讨论了经济理性原理。英国经济学家罗宾斯给经济学下的定义为"研究作为目标和有其他用途的稀缺手段之间关系的人类行为的科学"。这是把政治经济学看成是人类合理行为学的一个分支。它把生产关系以及经济系统在历史上的变革等重大问题排斥于政治经济学之外，显然是片面的。而完全否认经济理性原理在政治经济学中的地位，同样也是片面的，因为社会经济计划就是社会经济理性的实现。人类合理行为学是理性活动的一般科学。最早使用这个学科名称的是法国社会学家爱斯皮那斯，后来苏联数学家斯勒茨基也对此进行过讨论。第一本关于这个学科的专著是波兰学者考塔宾斯基在1955年出版的《优良工作论》。兰格认为运筹学和规划论是人类合理行为学的分支学科，控制论是人类合理行为学的辅助学科。人类合理行为学本身和数学一样,又是政治经济学的辅助学科。政治经济学的某些规律是从人类合理行为学行为原理演绎出来的结论。

兰格未能把全书写完,不仅是他个人的憾事,也是经济学界的一大损失。不过仅就已经写出来的这一部分而言,已对政治经济学的教学和研究提供了重要的价值。

王宏昌

1985 年 2 月 25 日于北京

图书在版编目(CIP)数据

政治经济学：全两卷/(波)奥斯卡·R.兰格著；王宏昌译.—北京：商务印书馆，2020
(汉译世界学术名著丛书)
ISBN 978-7-100-18192-1

Ⅰ.①政… Ⅱ.①奥…②王… Ⅲ.①政治经济学 Ⅳ.①F0

中国版本图书馆CIP数据核字(2020)第041258号

汉译世界学术名著丛书
政治经济学
(全两卷)
〔波兰〕奥斯卡·R.兰格 著
王宏昌 译

商务印书馆出版
(北京王府井大街36号 邮政编码100710)
商务印书馆发行
北京新华印刷有限公司印刷
ISBN 978-7-100-18192-1

2020年5月第1版 开本850×1168 1/32
2020年5月北京第1次印刷 印张17⅞
定价：69.00元